现代教育技术应用教程

王卫娜　罗　滨　朱云东　主　编
白海城　孔彩灵　和学仁　游昊龙　副主编

科学出版社
北　京

内 容 简 介

本书以多媒体技术和网络技术为基础，分为三个模块，引导和培养学生的现代教育技术应用能力。第一模块主要介绍现代教育技术与教师的关系；第二模块主要介绍多媒体课件的设计与制作基础，具体从多媒体课件制作的理论基础、创作流程到多媒体素材的加工、处理方法，最后进行多媒体课件集成；第三模块主要介绍各种现代化的教学系统的原理及其使用方法。本书重点将文字、图像、音频、视频等多媒体课件的制作作为训练内容，以通用的软件为主，把知识点和具体目标有机结合，充分体现了现代教育技术的应用。

本书既可以作为师范院校本、专科公共课教材，也可以作为教师培训教材，还可以作为非师范专业人员提高计算机应用能力的参考书。

图书在版编目（CIP）数据

现代教育技术应用教程 / 王卫娜，罗滨，朱云东主编. —北京：科学出版社，2018.1

ISBN 978-7-03-053632-7

Ⅰ. ①现… Ⅱ. ①王… ②罗… ③朱… Ⅲ. ①教育技术学–教材 Ⅳ. ①G40-057

中国版本图书馆 CIP 数据核字（2017）第 137542 号

责任编辑：朱丽娜 / 责任校对：何艳萍
责任印制：李 彤 / 封面设计：润一文化
联系电话：010-64033934
E-mail：edu_psy@mail.sciencep.com

科学出版社 出版
北京东黄城根北街 16 号
邮政编码：100717
http://www.sciencep.com

固安县铭成印刷有限公司 印刷

科学出版社发行 各地新华书店经销

*

2018 年 1 月第 一 版 开本：720×1000 1/16
2023 年 2 月第六次印刷 印张：15
字数：239 000

定价：39.80 元

（如有印装质量问题，我社负责调换）

前　言

为了提高我国中小学教师教育技术水平，促进教师专业能力发展，以适应信息时代教育的要求，2004 年 12 月 25 日，教育部正式颁布了《中小学教师教育技术能力标准（试行）》（简称《标准》）。《标准》对中小学教师教育技术的意识与态度、知识与技能、应用与创新、社会责任几个方面作了要求。《标准》制定以后，中小学教师教育技术能力标准培训人员的培训工作正式开始，按《标准》制定的目标，下一步要对全国中小学教师分阶段进行培训。许多高等师范院校在此形势下，在新一轮人才培养方案的修订中，对此作出了积极的响应。高等师范教育面向基础教育培养师资，毕业生应符合中小学教师的基本要求。《标准》要求在几年内对现有教师进行培训，但没有对未来教师的培训提出计划，因此师范生要符合这一标准要求，应该在大学学习期间接受相关的培养。因此高等师范专业的人才培养方案和相关课程的教学应进行调整，以符合这一要求。

为全面提升中小学教师信息技术应用能力，促进信息技术与教育教学深度融合，教育部办公厅于 2014 年制定了《中小学教师信息技术应用能力标准（试行）》，指明了要强化中小学教师的信息技术应用、更新教学观念、改进教学方法、提高教学效果。鼓励学生利用信息手段主动学习、自主学习，增强运用信息技术分析解决问题的能力，加快全民信息技术普及和应用。

综上所述，未来教师必须掌握现代教育技术的基本技能，信息化教学技能成为当今教师的核心能力。这种技能主要表现为教师进行教学设计的能力、教学资源建设的能力和信息技术与学科教学整合的能力等，对师范生信息化教学技能的培养已经成为高等师范院校的一个重要教学任务。

“现代教育技术”课程是继“大学计算机基础”课程后的一个适合于师范生提高计算机及信息技术在教学中的应用能力的后续课程，学生学习本课程后，应具备一定的教学资源建设能力和课件制作技能，掌握教学系统与环境、多媒体教学应用、网络教学应用及数字教学资源方面的相关技能，了解目前受人关注的数字校园的热点问题及相关资源平台与工具。本书在紧跟现代教育技术的发展和充分吸收同行专家的经验和意见的基础上编写完成，凸显以下特点。

1）以多媒体技术和网络技术为基础，突出师范性的特点，充分体现了现代教育技术的应用，舍弃了部分传统媒体的教学内容，重点将文字、图像、音频、视频等多媒体课件的制作作为训练内容。

2）突出技能，实用为主，以通用的软件为主，把知识点和具体目标有机结合，引入应用实例来学习相关知识，分模块引导和培养学生。

3）知识分类编排，全书分为三大模块，每一模块侧重的技能训练均不同。

4）技能实训分章节编排，有利于教师在教学安排和训练时间上根据各个学校的具体实际情况灵活安排。

5）增加了综合性设计性实验内容，包括设计过程、素材获取、加工合成、展示评价等内容。

6）在各章后面增加了拓展阅读内容，凸显当今教育技术或信息技术的成果与发展。同时也收集了部分与学科专业相结合的网址供学生参考和学习。

本书由王卫娜、罗滨、朱云东组织编写，参编人员均为高校教育技术方面的教师，长期从事“现代教育技术”公共课的教学工作。本书各章编写分工如下：朱云东（第一章、第二章）、王卫娜（第三章、第七章）、孔彩灵（第四章）、和学仁（第五章）、罗滨（第六章）、白海城（第八章、第九章），全书由王卫娜、游昊龙统稿。在本书的出版过程中，得到了很多人的帮助，感谢肖飞老师对出版的支持和认可，感谢王泳老师提出的宝贵意见，感谢所有参与编写本书的人！

由于编者水平有限，难免存在错误或不妥之处，诚请广大读者批评指正。

编　者

2017年5月于昆明

目　录

模块二 多媒体课件制作

模块三 系统应用

模块一

现代教育技术与教师的关系

第一章

什么是现代教育技术

人类的学习从苏格拉底的辩论式、孔子的个性教学起，就一直随着技术的发展而发展。算筹产生了祖冲之的圆周率、印刷术产生了书本、无线电技术产生了广播和电视教学，而奇妙的信息技术则引发了教育和教学的革新。本章将从信息技术在教学中的影响、教师与现代教育技术的关系进行梳理。

通过本章的学习，你能够学到以下几个知识点。

1）认识现代教育技术的定义及其发展。

2）现代教育技术与当代教师技能的相互关系。

3）了解信息时代教与学变化。

4）知道信息时代教师应把握的基本信息技术技能。

第一节　现代教育技术的定义及其发展

一、什么是教育技术

1994年,美国教育传播与技术协会(Association for Educational Communications and Technology，AECT）对教育技术的内涵定义为：教育技术是关于学习过程和学习资源的设计、开发、利用、管理和评价的理论与实践。从这个定义可以看出，教育技术的研究对象是学习过程和学习资源，研究的任务是设计、开发、利用、管理和评价。

2005 年，美国教育传播与技术协会又对教育技术进行了定义：教育技术是通过创建、使用、管理适当的技术过程和资源以促进学习与改进绩效的研究和合乎伦理道德的实践。

从美国教育传播与技术协会 1994 年的定义到 2005 年的定义的变化可以看出，教育技术不管是从研究对象、研究目的、研究范畴、理论基础，还是从研究形态都有一些变化，但对一般学科的教师而言，教育技术的应用主要表现在对学生的学习基础、学习风格和文化背景了解的基础上，运用特定设计的学习资源优化其学习过程，从而达到提高学生学习效果的根本目的。

二、什么是现代教育技术

现代教育技术是运用现代教育思想、理论和方法，以现代信息技术为手段的教育技术。现代教育技术与教育技术名称不同在于现代教育技术加上了“现代”二字，对它的理解，1998 年李克东在给华南师范大学电教系研究生做“教育技术基础理论研究”专题讲座中指出，应用于教育的现代信息技术包括：①模拟音像技术；②数字音像技术；③卫星广播电视技术；④计算机多媒体技术；⑤人工智能技术；⑥互联网通信技术；⑦虚拟现实仿真技术。

与一般意义上的教育技术相比，现代教育技术更注重探讨与信息技术相关的教学资源，利用新技术来实现教育教学的优化，具体表现在掌握现代教育技术应用理论和技能的师资队伍、建立多媒体和网络化的现代教学环境、拥有高度共享和丰富的教学资源库、能够充分将教学资源和学科课程融合应用的教学策略及教学模式、具备教学过程的信息化评价手段和方法。

三、教育技术的发展历程

（一）远古教育技术的萌芽

关于教育技术的由来，学术界有的学者认为教育技术源远流长，可以追溯到人类语言产生之前，远古猿人用啁晰噪叫、呐喊、呼号、杂嚷单音字，有时用半音乐式的音调等交换意见。这是原始教育技术的雏形。随着人类的不断进化产生了口头语言，但尚未出现课本，这时口耳相传、口授手示之术是教育的主要技术。在公元前469—前399年，西方苏格拉底的“产婆术”，以及公元前551—前479年，东方孔子的“启发法”，为人类社会留下了宝贵的教育技术遗迹。苏格拉底 “产婆术”的原理是：他常常先装作别人比自己聪明，通过巧妙的诘问，引导对方承认原来的观点是错误的；接着他凭借反复诘难和归纳，引申出明确的定义或概念；然后再引导学生进行思索并得出结论。他帮助别人获取知识就像助产婆一样，虽然自己年老不能再生育，但却能替别人接生。而孔子的“启发法”则是以学生提问为主，他只作言简意赅的回答，但一般不把现成的结论告诉学生，而是在回答问题过程中得出正确的结论，从而使教师和学生都受到启发。

（二）简单媒体时期的教育技术

大约在8000年前的原始社会末期，初期文字符号产生了，随着部落的增多、分散范围的扩大，人类为了扩大信息传递的距离和范围，创造了文字符号。人类的文化知识就可以通过文字符号记载和保存，并用来传递知识和交流经验，这可以算是文字的真正始祖，为教育技术的发展和文化教育的传播起到了较大的推动作用。造纸术和印刷术的发明，使书籍的大量印制成为可能。书籍成为教育技术中一种重要的文字教材得以普遍应用，不仅提高了教育能力、扩大了教育时空的自由度，而且也丰富了教育形式，节省了口语讲授的时间和精力，结束了口耳相传的原始教育方式，为学校教育规模发展提供了必要的物质基础。

公元 1027 年，北宋的御用大夫王唯一设计制造了刻有经脉俞穴的铜制人体模型，并编写了《铜人俞穴针灸图经》，用于当时的医官教育。这就是我国早期的直观教育技术，也是最早的教学模型。这种直观教育避免了文字语言的多义性和模糊性，比较直观、形象地反映了复杂的客观事物，可使学生较容易地获得感性经验的认识。

到了 14—16 世纪，随着班级集体教学的产生和制度化，直观教学在欧美国家开始了理论和实践的系统研究，形成了比较完整的直观教学思想和理论体系。在直观教学理论的推动下，直观教育技术和教具有了很大的发展。直观教具有模型、标本、教具、挂图和实物等，为提高课堂教学效果和效率提供了条件，也为后来的视听教学奠定了基础。

（三）视听教育技术

19 世纪末 20 世纪初，工业革命促进了电子技术的迅速发展，一些新的科学技术成果如幻灯、电影、投影、无线广播等很快应用于教育教学。这些现代化传播媒体的运用可以向学生提供生动的视觉映像，这种映像与学生直接的具体的经验相联系，便产生了所谓的替代学习的视听教育的理念。实验结果表明，视听教育可使学生增加 35%的知识量，可使学习成绩提高 20.5%。1946 年，美国视听教育家戴尔（E. Dale）的专著《视听教学法》提出了“经验之塔”理论，戴尔系统分析了视听教育的价值，强调了视听教学媒体在教学中的重要性，为现代教育技术的进一步发展提供了理论依据。

（四）网络教育技术

20 世纪 90 年代以后，计算机技术、多媒体技术、网络技术、通信技术、虚拟技术、智能技术、数字广播电视技术等现代信息技术的发展和成熟，使教育技术空前发展并焕发出勃勃生机。20 世纪 90 年代初美国开始组建国际互联网，目前互联网用户遍及各个国家和地区，世界各国也都相继提出了本国的网络教育发展规划，我国的网络教育也初具规模。以计算机为核心的信息技术用于教育教学，所产生的现代教育技术是一个教育适应性很强、服务范围广的开放教育体系，不仅对教学模式、教学内容、教学手段、教学方法有着深刻的影响，甚至引起了整个教育思想、教学理论、教育体制的变革。与此同时，现代教育技术的理论研究也更加深入。受传播理论和系统科学理论的渗透，运用系统方法对人类和非人类资源进行系统设计，使人类的教育在整体上达到最优化。

四、新时期的教育技术——网络教学

随着信息技术的飞速发展，网络教学已经成为教学领域中的一场革命。网络教学与传统教学相比，它可以使学习不受时间、地点的限制，并且能做到实时的异地互动教学。目前常见的网络教学手段有视频广播、WEB 课件、多媒体课件等，常用的手段是视频广播，如大型开放式网络课程（massive open online courses，MOOCs，简称慕课）、微课等。

（一）网络教学的特点

1）校园数字化。网络教学不再局限于课堂，学校逐渐形成借助校园网的数字化校园环境。教师可以利用数字化校园环境进行教学资源的收集，也可以对教学计划、课程安排做统一的管理。学习者可以通过数字化校园环境查询课程、成绩，申请考试等。

2）教材网络化。不同于传统纸质教材，互联网上的教材充分利用了网络的多媒体和超链接的特性，使网络教材更新迅速，这最大程度满足了学习者获取最新信息的需求。

3）形式多元化。网络教学突破了传统的班级授课单一的教学组织形式，使个别化学习、协同学习、课堂教学、远程网络教学等多种教学形式并存，大大提高了教学质量。

4）学习者主体化。学习者由被动接受知识转化为主动学习知识，由死记硬背学习到带着问题和任务完成学习，这种方法有利于学习者创新能力和信息能力的培养。教师的角色也逐步发生变化，由传统课堂的知识传授者转为学习者学习的引导者、帮助者、促进者。通过这一转化，教师与学习者之间的关系也变得更亲密。

5）学校开放化。网络教学打破了传统学校的围墙，使学校不再局限于某一个区域，它可以为学习者提供一个全球性的校园学习环境。网络教学特别是远程网络教学的发展更是彻底改变了学校的概念，使学校成为开放的、虚拟的、社会化的学校。他面向的对象不再是适龄学习者，这为全民教育和终身教育提供了发展空间。

（二）网络教学的优点

网络教学使教学变得灵活、便捷，不再局限于同一时间、同一地点，教师与学习者通过网络可以实现互动性和双向交流。在信息时代背景下，网络教育是必然的发展，它可以迅速地适应信息社会培养出创新人才，也可以实现教育信息的共享，不再受时空的限制，教育机会增多。

（三）网络教学的缺点

网络教学对学习者的思想、心理活动和实际动手操作的控制较弱。学习者的自控能力会受其年龄的影响，对年龄较小的学习者、学习依赖性比较大的学习者来说，要求教师的指导地位较高，这就不适合网络的自主学习。

第二节　信息时代的教与学

信息时代知识大爆炸，人们方便地运用信息技术工具获取、收集、整理、加工和表达各种信息，由此引发的教育革新全面开花，多媒体教学、网络教学、交互式学习、翻转课堂、慕课等信息技术应用在近30年中被提出、应用和发展。

一、数字布卢姆的启示

美国教育家布卢姆（B. Bloom）的教学目标分类是知道、领会、应用、分析、综合与评价，它明确了我们开展分层教学和针对不同目标的不同教学策略。但是，随着信息技术的发展，对学习目标的分类也与时俱进，从图1-1我们可以看出，信息时代教育的目标更关注分析、评价和创新。

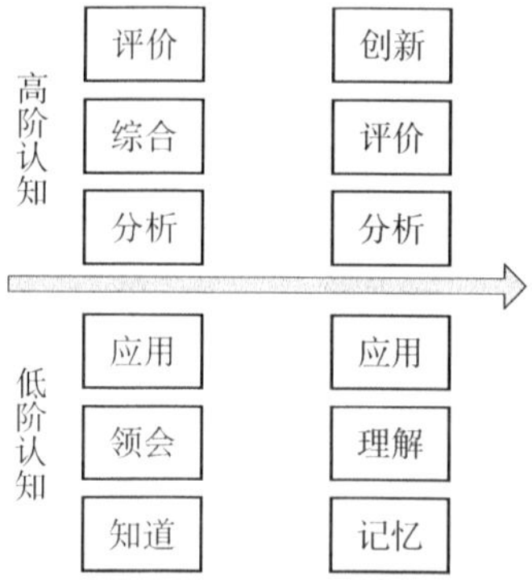

图 1-1　布卢姆教学目标分类的变化

上述教学目标分类提醒广大教师应该在设计、制作各类学习资源的时候，注重发展学习者的高阶认知，把数字资源的设计、开发和运用聚集在对学习的分析、运用、评价和创新上。比如，在学习正四棱台体积的计算时，可以充分运用信息技术，从人类解决平面的矩形（a）、三角形（b）面积计算（图 1-2 和图 1-3 所示），再到梯形（c）面积计算；启发学生平面面积计算的思维进化，再延伸到棱柱（d）、棱锥（e）的体积计算，最后鼓励学生大胆创新，学会如何运用已学过的知识分解计算四棱台（f）的体积。同时运用信息技术工具把四棱台进行动画分解和三维互动观察，寻找问题求解的方法。这样的教学设计能够充分发挥学生的潜力，使学生在分析、应用和创新中感受数学的魅力。

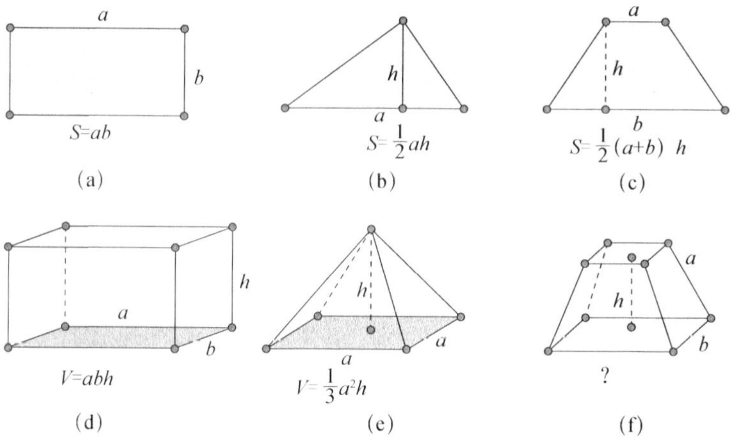

图 1-2　布卢姆高阶认知教学设计示例

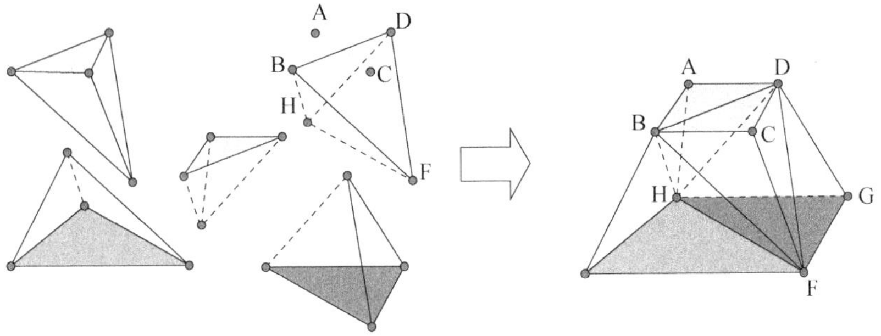

图 1-3　四棱台体积分解示意

二、信息时代的数字化学习

在信息化的教学环境和数字化学习资源环境中，可以更多地采用数字化的学习方法，拓宽学习者的思维。比如，基于数字资源开展相关真实情景的探究学习（在谷歌地球中采用卫星照片计算山川湖泊的面积等）、运用数字资源进行自主学习（金山打字进行键盘输入的自主学习）、利用网络环境开展合作学习（不同海拔学校所在地水沸点探究的合作学习）、通过数学工具开展数学实验的验证和探究学习等。

这样的数字化学习可以大大增强学生学习知识、解决实际问题的能力，同时在学习的过程中，潜移默化地学习和掌握信息技术技能。由于学习的主体是学生，在教学设计中，教师应注意教学评价的设计和学习过程中“锚点”的设计（核心问题的资源、解决提示和评价要求等），通过小组合作及任务设计的“支架”，帮助学生完成数字化学习。

此外，由于数字化学习可以面对海量的资源数据、问题或任务的设计，应该避免“是什么”的问题，而应该考虑设计“为什么”和“如何做”的问题，让数字化学习具有一定的挑战性、时代性和趣味性。

第三节　信息时代对教师的要求

一、教师教育技术能力标准

教育部在 2004 年颁布了《中小学教师教育技术能力标准（试行）》，从“意识与态度”“知识与技能”“应用与创新”“社会责任”几个方面对教师运用教育技术提出了明确的要求，把技术与教育教学、技术与教师教育、技术与创新发展在基础教育领域的能力构建了一个完善的实践平台，是教师学习、运用和发展教育技术的基本指南。

同时，国家加大了对西部地区的教育投入，县乡两级的学校在教学环境和信息技术教学设备方面得到了进一步的改进、提高和完善，随着这些设备的普及和运用，教师如何适应新的教学环境，充分发挥信息技术教学手段来提高和优化教学，真正实现新课标的要求，自然就成了主要任务。

二、教师信息技术应用能力标准

2014 年，教育部出台了《中小学教师信息技术应用能力标准（试行）》，对教师在应用信息技术“优化课堂教学”和“转变学习方式”方面提出了具体的要求，同时也把教师专业发展作为长期的职业要求。该标准把信息技术深入到学科课堂的教学和学习中，提升了信息技术与学科课程的整合，为教师实现信息技术与教学融合提供了广阔空间，而目标恰恰是培养学生的高阶认知。

三、信息时代教师的八项技能

信息时代的教师要具备基本信息技能以促进自己的工作和生活，有专家和学者归纳总结了信息时代教师的八项基本技能，分别是：信息检索技能、表达展示技能、实践反思技能、探究教学技能、教学评价技能、资源管理技能、思维汇聚技能和网络教学技能。

（一）信息检索技能

在信息社会中，快速、便捷地获取信息的主要方法是通过搜索引擎在互联网上搜索并下载信息，那么，用什么搜索引擎，搜索引擎的具体运用、主题词的恰当选取及对搜索结果的正确判断是信息时代教师的一个基本技能。此外对于搜索内容如何选用正确的工具进行下载，也应是教师所关注的。实际上无论使用哪个搜索引擎，只要花些时间，仔细阅读搜索引擎提供的帮助，都能找到答案，如谷歌帮助中心、百度搜索技巧等。

特别在智能手机普及的时代，充分运用好信息订制和下载工具也是一项基本技能，如运用简易信息聚合（really simple syndication，RSS）的360个人图书馆、手机上订制信息的Zite网[①]、视频下载的硕鼠工具等。

（二）表达展示技能

当前在多媒体教学中，大部分教师都采用课件的方式呈现教学内容，但是没有好的表达展示理念，很可能成为“电子板书”式的“电灌”教材，因此，教师在对教学内容、教学对象和教学目标进行了解和分析的基础上，应该思考如何有效呈现教学资源，如何在布局、文字、图像和素材上引发学生的学习兴趣，如何引导学生进行师生互动等。另外，为了解决在课件制作时的数学制图，也有不少开源小工具供教师使用。例如，台湾交通大学专门开发的数学图形辅助制作工具（MPS）、K12提供的学科符号大王、开源数学互动工具GeoGebra等。

教师在教学中还可以针对一些重难点及核心问题，使用录屏工具制作成微课，提供给学生课下强化或自学，也能减少教师的工作量，提高学生数字化主动学习的能力。

（三）实践反思技能

信息时代，教师可以采用博客、QQ空间、微信等方式记录自己的点滴火花、教学思考、实践反思和现场情景，这样既能记录自己的成长过程，也能与其他教师共享交流，资料汇聚后，还可以成为自己教学研究、撰写科研论文有价值的一线素材。

（四）探究教学技能

新一轮基础教育课程改革后，学科课程都增加了单元学习内容的综合实践，要求学生进行探究学习，传统教学方式下的资源、条件和成本限制了大家的思维，现在有了丰富的互联网资源，结合网络探究式学习（webquest）的基本构架，以任务驱动的方式，在问题的“输入”、“转化”和“输出”上给予学生指导，让学生在情境或资源中发现问题、解决问题并归纳总结出探究学习的基本目标，使其在完成任务的过程中感悟知识或原理。

① Zite是移动终端上一款免费的个性化杂志订阅应用。该应用通过采集用户的阅读行为，判断用户的兴趣，从而能把一些用户感兴趣的新闻、资讯、视频、图片、音乐聚合起来呈现。

（五）教学评价技能

一名研究型教师应该时刻关注自己的教学效果，了解每位学生的学习状况。教学评价可借助 Excel 的数据分析功能，方便地了解每次测试后学生的问题所在。比如，通过命题的双向细目表，确定问题与知识或技能的关系，把学生在测试中的每道题目的得分录入 Excel 表格中，就可以分析试卷的难度、信度和学生在不同类别问题上的表现，也可以针对某些特定学生群体观察学习的效果，长期跟踪分析可对学生的成长与进步给出量化的依据。

（六）资源管理技能

对于经常上网的教师来说，一个好的资源网址就是一个知识宝库，记录下这些网址的一般方法是把它保存在浏览器的收藏夹中，但这种做法最大的缺陷就是换了一台计算机，这些“宝库”的“门牌号码”就消失得无影无踪。这是因为浏览器的收藏夹并不跟随计算机“游走”。因此解决这个问题可借助“5135”网站来帮忙，把“宝库”的网址收藏在“5135”上，而不是收藏在上网计算机内。同样也可以利用 QQ 书签的功能，把网址保存在自己的 QQ 中，随时可以调用，不再受上网计算机的限制，就像使用电子邮箱一样方便。

现在我们还可以运用“云盘”的功能，在“云端”构建自己的“资料库”及“图书馆”，如 360 个人图书馆、百度云盘等。这样我们就不怕 USB 闪存卡（U 盘）感染病毒或硬件不识别而耽误工作，只要能上网，一切资料尽在手中。

（七）思维汇聚技能

教学中教师通常会与学生共同开展“头脑风暴”或进行章节知识点、技能方法的归纳总结等活动，为了启发或记录大家的思维，可以采用概念图（concept map）或思维导图（mind map）的技术手段实现思维的汇聚和共享，如专业的思维导图软件 FreeMind，或者使用 Office Visio 也能进行概念图的制作。这些工具对总结、梳理和巩固某些单元的知识点具有事半功倍的效果。

（八）网络教学技能

在网上开设自己的课程，实现与学生的互动和学习过程记录，是教师期许的目标，但是对应的网站开发技术是一大障碍。于是，一种运用开源技术开发的网络课程与学习管理平台在全球流行，这就是Moodle，由于是免费使用并支持多种教学素材及文字，教师关心的只是如何安排教学内容、开展教学活动、评价学生学习等具体的教与学行为，而技术开发与编程则用Moodle平台中的模块去完成，这样就可以较快地在网上开展自己的教学。

在教育信息化环境下，教师如何发挥信息技术的强项，结合本校的特点，融合到各个学科教育教学实践过程中，把自主学习、合作学习和探究学习体现到具体、有效的教学策略中，使学生真正愿学、会学、乐学，也就成为在教学一线工作的教师的重要课题和具体实践。

本章小结

本章简单梳理了现代教育技术的基本内容，从教师与现代教育技术的关系入手，引导出新时代教师的教育技术基本技能要求，从而启发教师掌握教育技术基本技能，以适应新时期对教师的要求。

学习任务

请从网络上查找有关信息检索、信息订制、信息策略的相关资料，结合自己的实际情况写一篇关于信息技能及其学习应用的综述性体会论文（设计一个列表，罗列本专业学习的主要网络、网站的主要特色、参考价值和推荐词）。

【拓展阅读】数字公民的10把金钥匙

2009年，美国印第安纳大学柯蒂斯·丁·邦克（C. J. Bonk）出版了《世界是平开放的：网络技术如何改变教育》（*The World is Open: How Web Technology is Revolutionizing Education*）一书，书中构建了影响所有人学习的10项关键趋势，也就是面向未来的十把金钥匙，来满足个人学习时所需要的技术与资源。

1）搜索就是学习。谷歌图书搜索（http://books.google.com）提供了全文阅读、有限预览和片段搜索的服务功能，同时全球教科书项目（http://globaltext.terry.uga.edu）提供了可免费下载的电子教材；在国内如人民教育出版社（http://szjc.pep.com.cn）也在尝试数字教材。

2）数字化学习与混合学习。在具备网络条件和主动学习的前提下，把面对面学习与网络在线学习相结合，充分利用网络的丰富资源和问题设计，把课堂变成解决方案的讨论、展示、点评的空间，调动所有学习者参与，对教师和学生均提出了较高的信息技术与学科课程整合的能力要求，这也是解决目前学习倦怠的方法之一。

3）人人享有的开源软件。开源、开放受益于所有学习者，从工具到平台、从图书到资源，这是一个大趋势，如网络课程管理平台 Moodle 和 Sakai、互动数学工具 GeoGebra 等。

4）开放教育资源与开放课件。最早开放所有课程的是世界名校麻省理工学院（MIT），现在有更多的大学跟了上来，使受教育者在家中轻轻点动鼠标就可以享受世界名校的免费公开课和慕课，让更多的受教育者通过网络平台获得更适合自己的学习内容和学习方法。

5）开放的数字化电子图书馆和免费教育资源。对想探索科学的人而言，生命百科全书、爱因斯坦档案在线、公共科学图书馆（PLOS）、戈尔德太空飞行中心等网络必不可少，类似的网站数不胜数。愿意为人类贡献教育智慧的学生可以使用课程维基 Curriki 共享和修正课程知识。各种在线博物馆、教学与多媒体教育资源网、TED、Connexions 均是可以共享的免费资源。

6）维基百科和共享视频的参与式学习。开放信息社群中学习者的参与教会我们如何在网络中拥有话语权。在这个张扬的时代，让自己成为主角非常简单，YouTube、TeacherTube、潮流电视网、学生电视网均是可供个人上传的平台。众包、维基和全球游牧组织等网络可以和志同道合的人一起分享与学习有关的想法。

7）基于网络的全球协作学习。在追求协作与团队技能的今天，全球的教师与学生通过书中各种平台和网站实现了无界限的全球合作。

8）虚拟世界的互动学习。游戏、模拟仿真、虚拟世界创造了美妙的学习体验。“第二人生”不仅建造了一个完美、浩瀚的虚拟世界，更帮助体验者重塑理想的第二人生。

9）无时不在的移动学习。移动学习允许我们在离开老师和同学时又能与他们保持紧密的联系，它也将是一种无法抵挡的趋势。

10）个性化学习的社会网络。可以通过博客、播客、Facebook 来发布消息，实现交流。Livemocha 可以为英语学习者找到免费的英语老师，KanTalk 和译博网也是消除语言障碍的好帮手。

我们身处信息时代，我们是否做好了信息时代学习的准备？我们的信息技能、学习理念和产出效果是否已经跟上时代的潮流？能改变行动的学习才是好的学习，有了方向，有了距离，也就有了动力，让我们一起努力！

第二章

什么是教学设计

教育技术在具体学科中的运用，包括教育的理念、技术的运用和艺术的呈现，我们需要理解人是如何学习的，将课程教学活动的设计与人的学习规律形成共振，才能达到事半功倍的效果。本章通过不同的案例，说明如何在学科具体运用中，选择合适的教学策略和教学活动，促进教学目标的达成。

通过本章的学习，你能够学到以下几个知识点。

1）了解布卢姆的教学目标分类。

2）知道梅杰的三种学习类型。

3）知道教学设计的基本环节。

4）初步理解教学设计对教育技术应用的指导意义。

第一节 教学目标分类

一、教学目标分类

教学目标或学习目标，是学习者通过一定的教学实践，应该获得的具体可表述的行为，它是可观测的。1956 年布卢姆提出了教育目标分类体系，划分为认知、情感和心理运动三大领域。其中认知领域的目标分为知道、领会、应用、分析、综合与评价六个层次。

知道（知识，knowledge）是指认识并记忆。这一层次涉及对具体知识或抽象知识的辨认，用一种接近于学生当初遇到的某种观念和现象时的形式，回想起这种观念或现象。

领会（comprehension）是指对事物的领会，但不要求深刻领会，而是初步的，可能是肤浅的，包括转化、解释、推断等。

应用（application）是指对所学习的概念、法则、原理的运用。它要求在没有说明问题解决模式的情况下，学会正确地把抽象概念运用于适当的情况。这里所说的应用是初步的直接应用，而不是全面地、通过分析、综合地运用知识。

分析（analysis）是指把材料分解成它的组成要素，从而使各概念间的相互关系更加明确，材料的组织结构更为清晰，详细地阐明基础理论和基本原理。

综合（synthesis）是以分析为基础，全面加工已分解的各要素，并再次把它们按要求重新组合成整体，以便综合地创造性地解决问题。它涉及具有特色的表达，制订合理的计划和可实施的步骤，根据基本材料推出某种规律等活动。它强调特性与首创性，是高层次的要求。

评价（evaluation）是认知领域里教育目标的最高层次。该层次的要求不是凭借直观的感受或观察的现象做出评判，而是理性地、深刻地对事物本质的价值做出有说服力的判断，它综合内在与外在的资料、信息，做出符合客观事实的推断。

在这六个层次中，前三个层次属于初级层次的认知问题，它一般有直接的、明确的、无歧义的答案，后三个层次属于高级认知问题，通常没有唯一的正确答案，从不同的角度有不同的回答。在问题设计中，提倡课堂教学不能仅仅局限于初级认知的问题，在适当的时机，高级认知问题更能够激发学生的思维，从而培养学生的思维能力和自我评价体系。

二、戴尔的"经验之塔"

在思考六个不同层次的教学目标时，具体到教学策略，则引入戴尔的"经验之塔"，即针对学习者采用不同的教学手段，可以体现在不同的教学目的上。1946 年，美国教育家戴尔在《视听教学法》一书中提出了以"经验之塔"（图 2-1）为核心的视听教学理论。

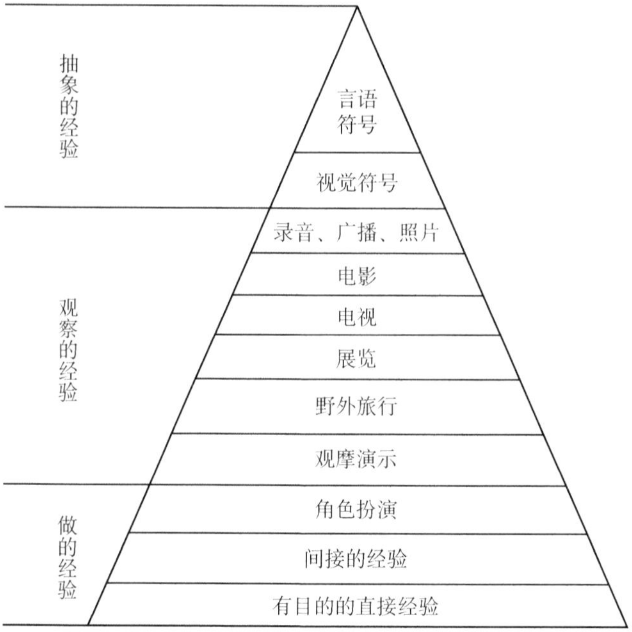

图 2-1　戴尔的"经验之塔"

(一)"经验之塔"的构成

从图 2-1 中可以看出，戴尔的"经验之塔"把人的经验分成三大类 11 个层次，三个大类分别是做的经验、观察的经验和抽象的经验，最底层的经验最具体，越往上越抽象，各种教学活动可以根据经验的从具体到抽象的程度，排成一个序列，处于中间部位的观察经验比上层经验具体、形象，在一定程度上能突破时间和空间的限制，又能弥补下层经验的不足。

例如，张华仔细阅读教材中“电路”这一章，并努力尝试理解它的意思。当要求他回忆一部分课程的内容时，他能和王芳一样记得所有关键的术语和内容。当要求他用已学的电路知识解决问题时，他提出了解决问题的多种方案。这种情况表明，张华不仅能记住相关知识，还能运用知识解决问题和理解新概念，能将所学知识迁移运用到新问题和新情况中。张华不仅专心于相关内容，并且能够理解应用和迁移知识，这样的学习结果就是有意义学习。

变机械学习为有意义学习是促进学生学习方式转变的必然要求。有意义学习要求教师在课堂上进行启发式教学。启发式教学是指在把学生看成学习（认识活动）主体的思想基础上，从学生的实际出发，充分调动学生的积极性、主动性和创造性，引导学生深入思考，融会贯通地掌握知识和发展智力的一种教学。它有两方面的含义：一方面是“启”，“启”者，启示开导也；另一方面是“发”，“发”者，能动发现也。教师在教学中的主导作用，就是对学生进行启示开导；学生在教师的启示开导下，发挥主观能动性，经过自己努力探索，“自奋其力，自致其知”。这样的学习便是有意义的学习。

第三节　什么是教学设计

一、教学设计的定义

教学设计（instructional design，简称 ID）一般又称为教学系统设计（instructional systems design），是以认知学习理论为基础、以教育传播过程为对象、应用系统科学的方法分析研究教学问题和需求，确立解决问题的方法和步骤，并对教学结果作出评价的一种计划过程和操作步骤。教学设计的目的是在教学过程中促使有效学习的发生。

对学科教师而言，教学设计的核心任务有以下几点：①学习者起点分析；②建立学习目标；③分解达成这一目标所要求的具体任务；④选择合适的策略、方法与媒体；⑤编制详细的教案；⑥实施与评价。整个过程是让学习者能够通过最有效的教学达成预定的目标。

教学设计与日常课堂教学最密切的关系是：目的、过程、要素、输入、输出及建立在反馈基础之上的系统调整。

二、教学设计的基本内容

教学设计的基本内容可以划分为三个部分：分析教学需求、确定教学目标；设计教学策略；进行学习评价。通俗地说就是要去哪？如何去那？如何知道是否到那？

（一）分析教学需求、确定教学目标

分析教学需求，就是明确要去哪儿。教师针对不同学科、不同学段和教学环境，依据课标，结合本地实际，确定可行的教学目标要求。

（二）设计教学策略

设计教学策略，就是要求教师思考在具体教学环境下，选择能有效到达预期目标的教学资源、过程和方法，通过教学结构的策划，融合信息资源和学习情景，促进教与学的有效开展。

（三）进行学习评价

学习评价，就是依据教学目标，通过一定的科学方法，收集学习过程的学生反馈资料并做分析处理，检查是否达到预期目标，以便及时调整或修订教学策略，最终能达到教学目标。

理解了布卢姆的教学目标分类、戴尔的“经验之塔”和梅杰的学习类型，教师就可以思考学科课程的教学设计了，简单来说，教学设计就是对什么样的学生采取什么教学策略，达到怎样的教学目标，并采取什么方法测试是否达到教学目标的一个预设计。

在设计过程中，遵循布卢姆的教学目标分类原则，把教学分解成不同层次的目标要求，并对应不同特质的教学对象，选择学生理解或熟悉的现象，设计有意义的学习活动或学习过程，特别是充分运用信息技术和教学资源，实现学生高阶认知的教学目标。比如，通过场景设计引出诗句“欲穷千里目，更上一层楼”并提出问题：这文学作品中的一层楼，在数学上应该是多少米？接着可以通过工具软件，模拟表达数学上的计算关系，最后启发学生如何运用所学的几何及三角知识解决问题。为了测试学生是否学会问题解决的思维，可以让学生进一步思考如何测量地球的周长、半径等问题。

三、教学设计的一般流程

影响最深远的教学设计模式系统之一是迪克-凯瑞模式，如图 2-2 所示，迪克（W. Dick）和凯瑞（L. Carey）认为教学过程本身可以视为一个系统，该系统包括分析、设计、开发、评价和修改等过程，这个模型包含十个模块，用这些过程和技术完成教学的分析、设计、开发、实施和评价。下面先依次简要地介绍各步骤的内容。

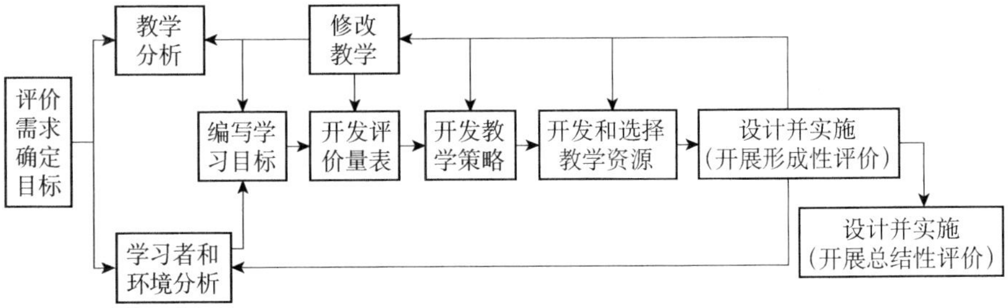

图 2-2 迪克-凯瑞设计模型

（一）确定教学目标

确定教学目标是教学活动的第一步也是首要任务。具体就是要明确学习者在完成教学任务后应该能够做什么，可以通过现状是什么与应该是什么之间的差距，以及从学习者中搜集信息得到需求评估，确定教学目标。

（二）进行教学分析

在开始教学之前，确定学习者的起点行为是什么，即具备什么样的知识、技能和态度，也就是学习者的起点是什么。

（三）分析学习者和环境

各地教育发展不同、学习环境不同、文化和生态不同，那么，学习者所处的教学环境和实践应用环境也不尽相同，教师在前期设计中就要切实考虑到教学环境的差异性，尽量使教学贴近实际。比如，在语文教学过程中，学习者是学生，但学习环境，首先指的是课堂教室，其次是学生运用语文知识的氛围，这是隐性环境，这些因素恰恰是能体现不同教师教学艺术的核心所在。

（四）编写学习目标

编写学习目标是指教学结束时学习者具体能做什么。学习目标由教学分析确定的技能派生而来，确定了要学的技能、实施技能的条件和成功表现的评判标准，具体要根据从属技能编写教学目标。例如，进行四则混合运算的学习目标编写时，学习者的从属技能是会做加减乘除运算，具体目标是能完成任意位数的加减乘除运算。

（五）开发评测量表

基于学习目标，开发出相关的评测量表，以测定学习者对目标中所描述行为的完成水平。通过测试，教师可以充分了解学习者对学习目标的掌握情况，也可以了解教学中哪些设计比较合理，哪些设计经过教学检验还需要进一步修改。而学习者可以直接应用这些评价标准对自己的学习结果进行评价，对自己的学习情况做出分析总结，促进以后的学习。根据这些反馈情况，教师就可以对教学设计做出补充和修改，从而使整个教学更加完善。

（六）开发教学策略

通过前面几步的分析确定了教师要教什么，接下去的任务是解决教学内容向学习者的呈现方式，即针对特定的教学内容，采用合适的方法、手段或程序，包括教材讲解、教学媒体使用、问题及解答方式、测试及回馈原则、课堂互动等。

（七）开发和选择教学资源

根据对学习者的分析，结合教师在教学中所扮演的角色，决定教学的步调。根据对学习环境、应用环境及教学可用资源的分析，结合所选择的教学媒体和教学传递系统，设计教学资源的表现形式。它包括激发学习者动机的教学内容、内容呈现顺序、提供练习与反馈、提供测验、具有针对性的补充活动、具有活动转移的学习指导等。编制的教学资源包括测验、教学材料（绩效目标、导入、复习、活动；教学内容、信息、例子；练习、反馈、后续活动）、学生手册、教师手册、课件等。

（八）设计与实施形成性评价

教学设计无论多么完美，在教学实践中总会出现问题，要想在教学资源的开发过程中及早发现这些问题，就要实施形成性评价来收集数据，确定如何改进教学。形成性评价一般有三种类型：一对一评价、小组评价和现场试验评价。

（九）修改教学

整理和分析形成性评价所收集的数据，分别对入门技能、教学目标、教学策略、学习时间、教学过程和实施指导说明进行研究分析，确定各个部分在实际实施中出现的问题，根据这些分析形成最后的分析汇总，修改教学过程。

（十）设计与实施总结性评价

在教学设计开发完成之后，就要通过总结性评价对所开发教学活动和程序进行最终评价，以确定它在现实教学中是否具有效性。总结性评价往往是由独立的评价者进行而不是由教学设计人员进行评价。

本章小结

本章简单介绍了教学设计的基本内容和设计流程，并从不同角度思考学习的类型，对教师进行有创新的教学设计提供教学策略的启发。

学习任务

通过网络搜索和自己的分析，推荐一节你认为有特色的课堂教学设计案例。

【拓展阅读】从哈佛公开课看学习的设计

哈佛大学迈克尔·桑德尔的公开课《公正：该如何做是好?》受到大家的好评，通过观察和统计可以清楚地发现，该课程讲授部分案例分析占了 70%以上，并且可以明显地看出师生之间的互动是比较多的，几乎贯穿了整堂课。平均每节课教师都会提问 18 个开放性问题，封闭性问题几乎很少提问，学生互动讨论得出的结果教师会进行评价、修正。平均每堂课教师都会鼓励回答问题的学生 2.33 次，教师操纵技术只占 6.21%，整堂课没有无助于教学的混乱。如果说假设情景、案例开头是较为浅显的，那么其用意则是深刻而悠远的，它所引出的思考，正是桑德尔所追求的。让学生在严谨的逻辑中一起讨论，共同推进课程的走向，直达理想的境界，则是桑德尔和学生合作的杰作。

从图 2-3 中桑德尔六次公开课的统计可以看出：理论观点的讲授时间不会超过一节课的 30%，而讨论时间的比例最大可以达到 50%，运用案例辩论的时间比例至少是 25%。

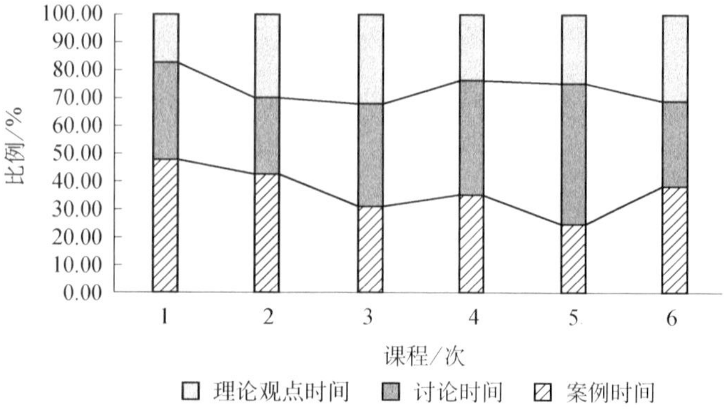

图 2-3 桑德尔公开课各类用时统计

归纳桑德尔的讲课模式为：案例开头（真、假皆有）—提问（互动、辩论）—理论（尤其是哲学理论：大师观点、著作）—思考明辨（认同、反对、创新）。该模式为如何上好理论课程特别是社会科学领域的理论课程提供了参考借鉴。

通过该模式，平时看似艰涩的理论在很大程度上变得容易了，它克服了绝大多数学生在理论学习过程中都遇到过的“每个字都懂，就是不知道说什么”的困难。同时，把学生的观点与大师的思想并列，不仅体现了对学生思考的尊重，也极大地激发了他们思考的愿望，体现了学生的主体价值，最终实现了理论课对“思考者”的培养的目的。

模块二

多媒体课件制作

第三章

多媒体课件及设计基础

本模块主要介绍多媒体课件的概念、功能、创作流程及其构成要素。其构成要素基本分为图、文、声、像、动画等，每一个要素的每一个素材单元，各自都有属于自己的独立特性及其获取编辑方法，可以根据自己需要选择合适的素材制作处理方式。

通过本章的学习，你能够学到以下几个知识点。

1）了解多媒体课件的概念、功能及一般制作流程。

2）学会编写多媒体课件的文字脚本和制作脚本。

3）掌握多媒体课件设计的原则和界面设计原则。

第一节　什么是多媒体课件

多媒体课件是各种多媒体技术的集成，通过科学合理的软件设计，将图、文、声、像、动画等多媒体素材根据创作人员的创意融为一体，形成具有良好交互性的多媒体计算机辅助课堂教学软件。

一、多媒体课件的特点

与其他教学媒体相比，多媒体课件的特点体现在以下几个方面。

（一）交互性

无论是视觉、听觉还是视听媒体，它们的信息传递方式基本上是单向的，多媒体课件突破了这一限制，实现双向通信、人机交互，为教与学带来了极大的方便。

（二）集成性

多媒体课件的教学内容与表现形式多样，集图、文、声、像、动画等资源于一体，在承载信息方面真正实现多媒体化，从而提高教学的效率和质量。

（三）智能性

多媒体课件具有超文本的动态结构，把计算机的内在运算机制与智能性的外部工作联系起来，能根据学生的反应做出判断，帮助学生制定相应的学习策略，学生可以按照自己的目的和认知特点重新组织信息，采用不同的学习路径进行学习，智能性的反应更符合人类的认知规律，便于学生进行联想思维。

（四）信息传输网络化

交互类媒体以数字化方式存储、处理信息，经过编码压缩后的信息数据量小，适合网络传播，而且传输及时、可靠、效率高，多数情况下能做到双向实时传输。

二、多媒体课件的主要教学功能

（一）图文声像并茂，优化学习环境

多媒体课件图文并茂、内容丰富多彩，能够更好地构建学习者的学习环境，方便学习者学习。同时多媒体课件对教学内容进行全方位的阐述，更能激发学习者的学习兴趣，充分发挥学习者的主动性，真正体现学习者的认知主体的作用。

（二）友好的交互环境，调动学习者积极参与

多媒体课件由图、文、声、像、动画等多种媒体信息组成，所以为学习者提供的外部刺激不是单一的刺激，而是多种感官的综合刺激，这种刺激能引起学习者的学习兴趣和提高学习者的学习积极性。

（三）丰富的信息资源，扩大学习者知识面

多媒体课件提供大量的多媒体信息和资料，创设了丰富有效的教学情境，不仅利于学习者对知识的获取和保持，而且大大地扩充了学习者的知识面。

（四）超文本结构组织信息，提供多种学习路径

超文本是按照人的联想思维方式，非线性地组织管理信息的一种先进技术。由于超文本结构信息组织的联想性和非线性符合人类的认知规律，所以便于学习者进行联想思维。另外，由于超文本信息结构的动态性，学习者可以按照自己的目的和认知特点重新组织信息，按照不同的学习路径进行学习。

三、多媒体课件制作的一般流程

不管采用什么样的软件制作多媒体课件，基本都遵循以下流程。

（一）确定选题

教师细心研读课程内容，根据教学大纲的要求，确定课件制作的内容，首先明确教学目的、要求和教材的重点难点。例如，是激发学生的学习兴趣，

还是解决某一重点；是帮助理解，促进记忆，还是加强知识运用；是扩大知识面，还是培养技能技巧等。

（二）设计创作脚本

编写脚本是组织信息的第一步，如对屏幕布局、图文比例、色调、音乐节奏、显示方式、交互方式等进行规划。

（三）多媒体素材的准备与制作

根据设计思路，准备所用的多媒体信息素材，如图、文、声、像、视频等。

（四）课件集成

利用现有的课件制作工具将多媒体信息进行集成。做到界面直观、交互明确、思路清晰、操作简便。

（五）课件测试

多媒体课件制作完成后，必须进行彻底检查，以便改正错误、修补漏洞，必要时还要进行优化。并根据课程的进程，进行课件与教学过程的整合，然后交付使用。

四、制作多媒体课件的原则

编制一个高质量计算机多媒体课件，必须遵循以下原则。

（一）内容与形式的统一

多媒体课件是用来辅助教学或学习的，因此，教学内容一定要有针对性，要有利于突出教学中的重点，突破教学中的难点。另外，多媒体课件要符合教学原则和学生认知规律，内容组织清楚，阐述、演示逻辑性强。为了达到教学目的，还要采取一定的形式，我们可以通过新颖的表现手法、优美的画面、鲜明和谐的色彩，以及恰当地运用动画和特技，调动学生学习的积极性和主动性，启发学生的思维，但一定要注意表现形式不要过于花哨，避免喧宾夺主，把学生的注意力集中到表现形式上去了。

（二）注重参与性

在制作多媒体课件时一定要在多媒体课件中留下一定的空间，能让教师和学生共同参与，这样就能提高学生的学习兴趣和学习热情，进而融入教学当中去。如果一堂课从头到尾都是计算机唱主角，就像放电影一样，不经过学生的思考就将教学重点、难点都展示出来，那么就不利于培养学生的思维能力和创新能力，失去了多媒体课件制作的意义。

（三）注意技术性

首先，课件要操作简单、切换快捷；其次，要具有良好的稳定性，在运行过程中过渡自然，动画、视频播放流畅，不应出现故障；最后，交互设计合理，页面跳转、人机应答都要合理。

（四）兼容性强

能满足各种相应媒体所要求的技术规格，在不同配置的计算机上能正常运行。

五、多媒体课件的组成

多媒体课件的构成要素基本分为图、文、声、像、动画等，严格说来，这几个要素的每一个素材单元各自都有属于自己的独立特性。

（一）文本

文本是以文字和各种专用符号表达的信息形式，它是现实生活中使用最多的一种信息存储和传递方式。用文本表达信息给人充分的想象空间，它主要用于对知识的描述性表示，如阐述概念、定义、原理和问题，以及显示标题、菜单等内容。文字是多媒体课件中的主体，文字内容既要源于教材，又要高于教材，是教材的精华和浓缩。因此，文字应简明扼要、重点突出。文本作为教学过程中应用最为广泛的媒体之一，它适用于各种教学内容，甚至对一些极为抽象的教学内容也有效。

（二）图形图像

图形是指由外部轮廓线条构成的矢量图，即由计算机绘制的直线、圆、矩形、曲线、图表等。图像是由扫描仪、照相机等输入设备捕捉实际的画面产生的数字图像。图形图像所表达的信息远远超过文字，是课件最重要的媒体形式，也是学生最易感知和接受的表达方式。

图形图像和文字一样，都具有信息交流和传授知识的功能，可以形象地反映客观事物，具有直观、易懂的特点。它不仅能够直观、生动地传播教育信息，使人产生一目了然的视觉效果，而且具有丰富的色彩、多变的构图，以及图像本身强烈的审美性和艺术感染力，可以使学习者产生心理共鸣。

图形图像一定要清晰规整、图文互应。若将图形图像作为学习的内容时，要尽可能放大并置于屏幕中心位置。作为背景的图像要简洁明了、颜色淡雅，这样才能够突出主体，有利于减轻学生的视觉疲劳。

（三）声音

声音是人们用来传递信息和交流感情的最方便、最熟悉的方式之一。多媒体课件中的声音，具有突出主题、渲染气氛、衬托背景、调节情绪、传播信息、模拟再现的功能。课件中的声音分为三类：音乐、配音解说和音响。

课件单凭视觉元素传递信息，会给人单调和枯燥的感觉，合理地加入一些声音对画面可以起到辅助作用，能更好地表达教学内容、吸引学生的注意力、增强学习兴趣。

（四）动画

动画资源的教学应用非常广泛，无论基础教育还是高等教育，无论文科教学还是理科教学都有其广泛使用的领域。例如，在理科教学中，我们可以使用动画来演示某些无法用实验观察到的现象，如物理学当中原子核的裂变过程、原子弹在爆炸过程当中产生的中子连锁反应，化学当中可以演示分子的结合过程、数学当中函数当参数的变化反映出的图像变化过程等；在文科教学中，动画可以使教学更加丰富多彩，帮助学生理解一些较晦涩的抽象知识。

（五）视频

视频教学资源是根据课程教学大纲的培养目标要求，用电视图像与声音去呈现教学内容，并且用电视录像技术进行记录、存储与重放的一种视听教材。作为一种教学材料，视频教学资源首先应具有教育性，即“教”的功能，对观看者来说要有“学习”的效果。视频资源不受时空限制，而且具有易复制、成本低等特点。新型的视频资源载体信息容量大、占据空间小、易于复制、便于保存，还具备检索快、体积小、重量轻、成本低的优点。

第二节　多媒体课件的设计基础

多媒体课件注重知识表现，还注重对学习进程的控制（良好的学习环境包括进程检测机制和进程激励机制）。例如，通过测验题了解学习效果，进而驱动学习进程，或者转入下一学习内容，或者转到复习解疑。在开发和制作多媒体课件时，对小的片段，其过程相对简单，不一定完全按流程步骤进行，有时可以从简甚至跳过。一个良好的多媒体课件的设计基础包括脚本设计和界面设计，下面将从这两方面做出详细介绍。

一、课件脚本设计

脚本设计关系教学过程的整体规划和设计流程，是做好课件的准备工作。脚本设计是将多媒体课件的教学内容、教学策略进一步细化，具体到课件的每一屏的呈现信息、画面设计、交互方式及学习过程的控制，它是课件编制的直接依据。要编写一个好的课件脚本，首先，教师要对课件的使用有一些认识；其次，写清楚教学目的、要突破的重难点、设计过程，设计过程最好分版块写，如引入、新授、复习部分各需要什么样的内容；最后，制出一个课件设计的草图，如图片、文字、按钮出现的顺序、位置等。总之，只有脚本设计充分才能制作出一个好的课件。

脚本一般包括文字脚本和制作脚本。

（一）文字脚本

文字脚本包括教师的教案和文字稿本。制作一份优秀的课件，首先要求教师写出一份好的教案，而且是能体现多媒体优势的教案。文字稿本要明确教学目标、教学重点和难点，反映教学的进程及教学的树型结构，明确课件的类型，使用的最佳时期（多媒体课件在课堂上的使用，应符合学生思维的递进性和教学的连贯性，在恰当的时候切入课件）。教师应制作一张表格，主要填写课件名称、教学目标、创作平台、创作思路和课件结构图等信息，如表 3-1 所示。

表 3-1　多媒体课件文字脚本

制作者		学号	
课件名称			
教学对象			
教学目标			
教学内容			
教学策略			
课件简介			
创作平台			
创作思路			
课件结构图			

（二）制作脚本

制作脚本是把教学进程具体化。制作脚本首先要对课件进行整体构思，要将主界面和各分界面设计好，将要用到的文字、图形、解说、音频、视频都要设计好，同时还要对播放课件的时间进行规划，对配音、配乐等都要进行严格把关。制作脚本如表 3-2 所示，根据自己课件的规模和大小适当增加或减少表格内容即可。

表 3-2　多媒体课件制作脚本

模块序号		页面内容简要说明	
屏幕显示			
说明			
制作要点			

二、课件界面设计

多媒体课件以图、文、声、像、动画等并茂的方式进行形象化教学，弥补了传统教学在直观感、立体感和动态感方面的不足。要设计出一个好的多媒体课件，除了要认真准备、搜集各种素材外，还要设计一个舒适方便的操作环境，这就是界面设计。

界面设计是将抽象的信息转换为利用图片、文字、色彩等各种视觉元素组合的特定形式，并准确有效地传达信息的一种特定设计形态。知道界面设计的基本要素，了解其设计的基本原则，能够使设计达到事半功倍的效果。一个赏心悦目的视觉环境可以激发学生的兴趣，提高他们学习的积极性。下面简单介绍一下多媒体课件界面设计的一般规则、设计要素及特征等内容。

（一）界面设计一般规则

界面是多媒体课件传递信息的窗口，界面设计是计算机与学习者在交互时所用的沟通符号的设计，整体设计上要考虑以下几个方面。

1. 内容简洁

课件的操作界面避免烦琐，内容应力求准确、简洁。准确就是要求表达的意思明确，不要使用意思含混、模棱两可的词汇或句子；简洁就是尽可能用较少的文字或简单的图表来表达所需的信息。

2. 前后一致

前后一致是将相同类型的信息使用一致的方式显示，包括显示风格、布局、位置所使用的颜色等的一致性，以及相似的人机操作方式。

3. 色彩搭配协调

色调要鲜明，要为塑造的形象、创造的意境和表现的主题服务。不同的主题、不同的内容应用不同的色调来表现。色彩如果使用不合理，就会影响界面的显示效果，过分渲染则分散人的注意力。

作品必须是漂亮的，给人带来美好的感受，这是界面设计的使命所在。但是，这不是界面设计中首先要解决的问题，当直观和易读等基本问题已经解决，界面设计的工作基本完成时才能开始考虑美观的问题。换句话说，在基本界面设计完成之后，才能考虑界面设计风格的问题。为了实现这一点，需要考虑配色和界面构成要素。

4. 界面组接流畅

界面组接流畅是指学习者的注意力从这一界面自然地过渡到下一界面，中间没有明显的视觉跳跃感和间断感。

设计如果没有美的视觉效果，就既不能产生视觉冲击力又不能博得读者的好感。所谓美的视觉效果，是通过配色或留白空间的处理及照片等内容的布局而获得的，而不是反复给文字增加装饰或调大字号。能够起到引人注意作用的不是文字，而是视觉效果，这一点必须引起重视。

（二）界面设计的要素及其特征

界面设计需要一些材料，这些材料被称为设计要素。对设计者的基本要求是，要充分利用这些要素自身的特点，而不是从设计者的考虑出发来进行界面设计。界面设计的基本要素包括文字、图片和色彩，以及如何将这些要素进行合理布局等方面。

1. 文字

文字元素是信息传达的主体部分，主要包括标题、信息、文字链接几种形式。标题是内容的简要说明，一般比较醒目，应优先编排。文字作为占据页面重要比例的元素，同时又是信息的重要载体，它的字体、大小、颜色和排布对界面整体设计影响极大，应精心处理。

2. 图片

图片在界面中具有重要作用，图片能引起观众的注意，并激发阅读兴趣。好的图片给人的视觉印象要优于文字，合理地运用图片，可以生动直观、形象地表现设计主题。图片元素包括背景、主图、标识性图标等。需要特别注意的是背景和主图的作用，以图片为背景能衬托主题的表现，增加界面的层次感，使界面不再枯燥；主图与背景和装饰性小图不同，背景是衬托主题，主图则是突出主题。主图是整个界面的视觉中心，它具有直观性强的特点，可以不受文化水平的限制，能给人强烈的视觉冲击。图片尺寸大小、形状、位置等的合理应用，能给图片带来不一样的视觉效果。

3. 色彩

色彩是一种视觉神经刺激，它的产生是由于视觉神经对光的反应。没有光或视觉神经，就没有色彩。色彩也是传达视觉信息的工具，在界面设计中，配色非常重要，有效的界面配色，能产生较好的视觉冲击效果。教学和生活中常用的配色基础知识，有以下几个方面。

（1）色调的统一

色调的统一就是将不同的颜色相互交叠，通常会采用同色系的色彩进行搭配。当需要准确地传达内容时，则需要将色调统一起来，这样，配色的效果就能够比较明确地传达给对方，并能够使界面产生一种井然有序的美感。其中，主导配色能够将色彩、形式、质感等要素统一起来。例如，在以红色为主导的灯光中，任何一种颜色都带有红色。还有同色系色彩构成的统一，就是将性质相同的颜色集中起来进行配色。例如，用红色、橘色、橙色、黄色进行配色，就能够产生统一感，其色彩的效果就会比较和谐。另外，灰色构成的色调统一是指，当使用一种或两种色彩时，如果需要将这些色彩的效果鲜明地呈现出来，就可以与灰色进行搭配，这样既可避免颜色效果过于华丽又可避免其过于单调。

（2）基础色

基础色即构成画面基本效果的颜色，也称为基调色，主要是指作为画面背景的颜色。此外，确定主要使用的颜色之后再进行配色，其主要的颜色也被称为基调色。配色操作中首先需要明确的是基础色，因为基础色是控制画面整体效果的颜色。例如，如果以蓝色为基础色，那么就会产生建立在放松、理性、未来等效果基础上的蓝色效应。

（3）对比

这里的对比指相邻颜色之间的对比关系。造成对比的因素包括色彩的亮度差、色相差和饱和度差三种，通过这三方面的调整可使配色富于变化。例如，当白色与黑色比邻相接时，对比效果就会很强烈。

丰富的画面色彩对比能够使读者的大脑受到刺激从而感到兴奋，故而能够做到信息的有效传达，但是应该掌握度，否则会过犹不及。配色的要点就是要让相邻的颜色之间构成色彩对比，才能够控制配色带给读者的视觉刺激。

（4）分割与平衡

作为构成界面的方法，分割是最基础的。所谓分割是指在界面中插入线，从而把原界面分成多个画面区。例如，在界面中插入一条水平线，界面就会被分成上下两个部分，上部代表未来，下部代表过去。当用纵线分割界面时，左侧代表母性的或内向型的，右侧代表父性的或外向型的。有时候，单凭一根线就能改变画面的性质。在进行界面分割时必须注意的是分割的比例，平衡的间隔是非常必要的。当能够熟练地应用分割，并能取得画面配色的平衡时，信息就能够准确地传达给读者。

（5）强调色

同一色系的色彩构成虽然很漂亮，却有可能使配色显得过于平静。例如，虽然是用暖色系来表现温暖或热情，但总觉得画面气氛显得过于沉静。面对这种情况，可以在画面中少量地加入一些与整体配色倾向构成对比关系的颜色，以使画面配色变得灵活多样，这种颜色就叫作强调色。强调色并不是主要颜色，而是以提高画面整体的配色效果为目的的颜色。例如，绿色风景中的几朵红花、灰暗的一排排房屋中的黄色窗户、耀眼的橘红色中的白色房子等，都是强调色。

配色的基本原理来自光谱（将光分色处理时出现的颜色带），据此可知，明亮的颜色显得年轻有活力，暗深的颜色具有古典的韵味，暖色系显得比较感性，而冷色系则显得比较理性。如果能够据此掌握效果与色彩之间的关系，就能够实现合乎预想效果的配色。配色的目的，是希望能够将预期的效果准确地表现出来。

4. 界面布局

界面布局也称界面的构图，它是将文字、图片、色彩等视觉元素进行组合配置，使界面整体视觉效果美观和谐，实现信息传达的最佳效果的设计。好的界面具有层次感强、简洁流畅、有留白空间、使观者感受到心理上的舒适等特点。界面布局还可借助图片对界面的黄金分割，在淡雅的色调上加上文字信息，使整个界面清新素雅、平衡和谐。

（三）界面设计实例

根据上述设计规则，分别以《美丽校园——我的家》（具体制作过程参见第四章实训 4-3）和《时光之旅》为例，制作了两组界面，效果分别如图 3-1 和图 3-2 所示。

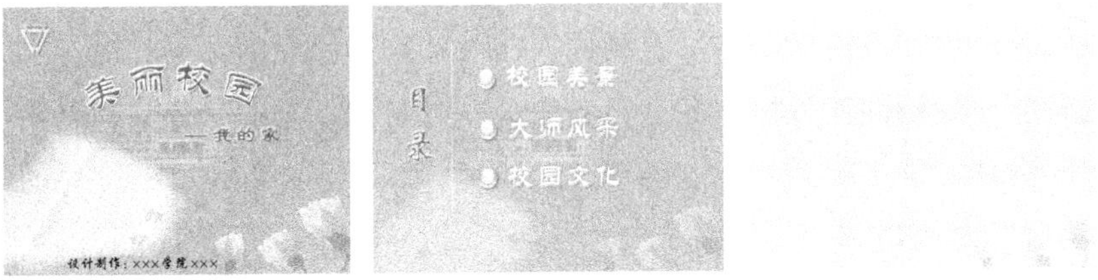

(a)《美丽校园——我的家》封面　(b)《美丽校园——我的家》导航界面　(c)《美丽校园——我的家》背景界面

图 3-1 《美丽校园——我的家》界面设计

(a)《时光之旅》封面

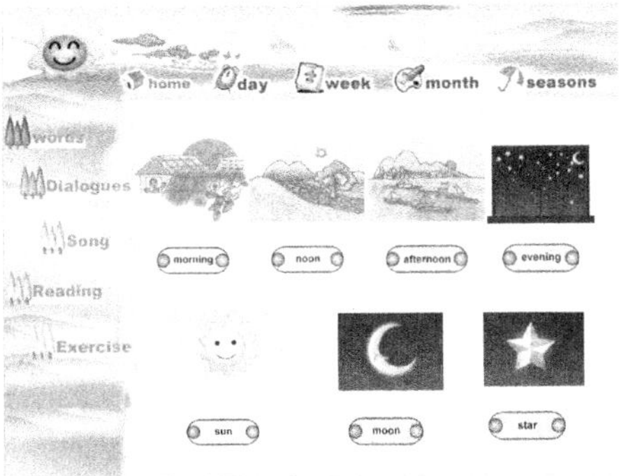

(b)《时光之旅》导航界面

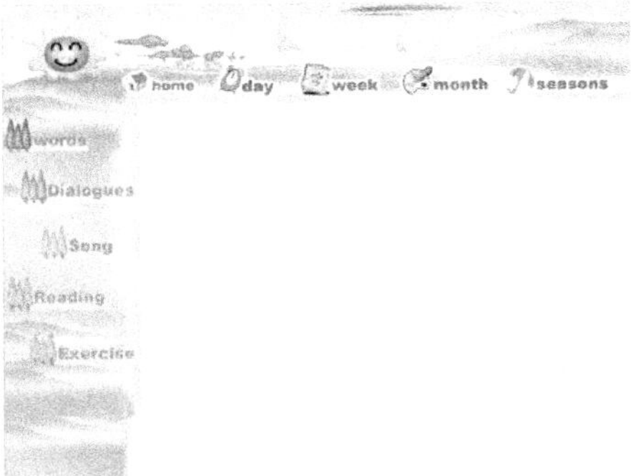

(c)《时光之旅》背景界面

图 3-2 《时光之旅》界面设计

本章小结

多媒体课件是各种多媒体技术的集成，通过科学合理的软件设计，将图、文、声、像、动画等多媒体素材根据创作人员的创意融为一体，形成具有良好的交互性的多媒体计算机辅助课堂教学软件。它的主要教学功能表现在：①图文声像并茂，优化学习环境；②友好的交互环境，调动学习者积极参与；③丰富的信息资源，扩大学习者知识面及超文本结构组织信息，提供多种学习路径。

开发多媒体课件制作的一般流程为：确定选题、设计创作脚本、多媒体素材的准备与制作、课件集成、课件测试。在开发的过程中要注重内容与形式的统一、注重参与性与技术性、兼容性强等原则。

脚本设计是多媒体课件制作的基础，一个优秀的多媒体课件离不开详细的文字脚本和制作脚本。要设计出一个好的多媒体课件，除了要认真地准备、搜集各种素材外，还要为用户设计一个舒适方便的操作环境，这就是界面设计。界面设计要遵循内容简洁、前后一致、色彩搭配协调、界面组接流畅等原则。

多媒体课件的构成要素基本分为图、文、声、像、动画等，每一个要素的每一个素材单元各自都有属于自己的独立特性及其获取编辑方法，可以根据自己需要选择合适的素材制作处理方式。

学习任务

寻找本专业的典型课件，设计评价的表格，对其进行评价（表 3-3）。

表 3-3 多媒体课件评价量表

课件名称		
制作者		
一级指标	二级指标	自我评价
科学性（20 分）	课件的取材适宜，内容科学、正确、规范。(7)	
	课件中所有表述的内容要准确无误。(8)	
	课件的演示符合现代教育理念。(5)	

续表

一级指标	二级指标	自我评价
教育性（30分）	课件的制作直观、形象，利于学生理解知识。（8）	
	有利于调动学生学习的积极性和主动性。（6）	
	课件在课堂教学中具有较大的启发性。（10）	
	课件的针对性强，内容完整。（6）	
技术性（15分）	课件的交互性较高，且操作简便、快捷。（5）	
	移植是否方便，能否在不同配置的机器上正常运行。（5）	
	课件是否适用于教师日常教学。（5）	
艺术性（20分）	画面制作应具有较高艺术性，整体标准相对统一。（8）	
	课件所展示的语言文字应规范、简洁、明了。（6）	
	声音清晰，无杂音，对课件有充实作用。（6）	
实用性（15分）	界面友好，操作简单，灵活。（6）	
	课件可以被方便地更新，利于交流、提高。（6）	
	文档齐备（3）	
总体评价		

【拓展阅读】多媒体课件的评价标准

多媒体课件的评价一般从以下几个方面进行。

一、科学性

1）描述概念的科学性：课件的取材适宜，内容科学、正确、规范。

2）问题表述的准确性：课件中所有表述的内容要准确无误。

3）引用资料的正确性：课件中引用的资料正确。

4）认知逻辑的合理性：课件的演示符合现代教育理念。

二、教育性

1）直观性：课件的制作直观、形象，利于学生理解知识。

2）趣味性：有利于调动学生学习的积极性和主动性。

3）新颖性：课件的设计新颖，进一步调动学生的学习热情。

4）启发性：课件在课堂教学中具有较大的启发性。

5）针对性：课件的针对性强，内容完整。

6）创新性：能否支持合作学习、自主学习或探究式学习模式。

三、技术性

1）多媒体性：课件的制作和使用是否恰当运用了多媒体效果。

2）交互性：课件的交互性较高。

3）稳定性：课件在调试、运行过程中不应出现故障。

4）易操作性：操作简便、快捷。

5）可移植性：移植是否方便，能否在不同配置的机器上正常运行。

6）易维护性：课件可以被方便地更新，利于交流、提高。

7）合理性：课件是否恰当地选择了软件的类型。

8）实用性：课件是否适用于教师日常教学。

四、艺术性

1）画面艺术：画面制作应具有较高艺术性，整体标准相对统一。

2）语言文字：课件所展示的语言文字应规范、简洁、明了。

3）声音效果：声音清晰，无杂音，对课件有充实作用。

第四章

图像资源的获取与处理

本章主要学习有关图像处理的基础知识和基本技能，通过运用相关工具和软件的操作来实现图像的采集、编辑处理和应用，并能利用Photoshop软件来设计制作具有一定创意思想的图像素材。

通过本章的学习，你能够学到以下几个知识点。

1）了解图像的常用格式。

2）知道图像资源的获取方式。

3）能按需求拍摄一定主题的图像素材。

4）能用 Photoshop 软件简单处理图像。

5）能用 Photoshop 软件设计创作一定主题的平面作品。

绍使用数码相机获取图像的方法。

数码相机采用图像传感器作为感光器件，将被拍摄物体的图像以数字形式记录在存储器中，是一种新型的数字图像记录设备。数码相机的工作原理与传统胶片照相机有明显的区别，传统胶片照相机使用银盐感光材料——胶卷，感光时形成以卤化银为中心的影像，而数码照相机是用影像传感器进行感光，并通过内部处理器把拍摄到的图像转换成以数字格式存储的图像。

数码照相机的种类很多，按用途划分为普及型数码照相机、准专业级中档数码照相机、专业级单镜头反光数码照相机等，按构造可分为卡片机与单反机。

一、卡片机与单反机的区别

单反数码相机与我们接触较多的卡片机是完全不同的两个系统，其在结构、快门速度、镜头及感光材料的面积等方面都有较大的差别。卡片机一般提供给普通消费者，相机在生产时会有意识地在软件上将照片做适当的调整，如色阶、对比、色彩等参数，使其符合普通消费者的欣赏需要。而数码单反机是供给专业用户使用的，所以需要大量的后期处理来达到所需的效果。这样相机就会不加任何修饰地将图像输出，让用户有更大的处理空间。卡片机和单反相机的外形比较如图 4-2 所示。

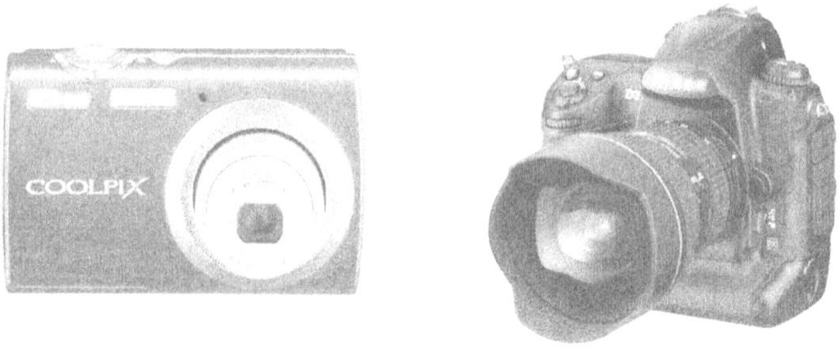

(a) 卡片式数码相机　　(b) 单反式数码相机

图 4-2　卡片式数码相机与单反式数码相机

数码照相机的衡量指标很多，像素是其中重要的指标之一，目前千万像素以上的数码相机已有很多，今后还会有更高像素的数码相机问世。本书以 Nikon Coolpix S570 数码照相机为例来学习数码相机的构成及使用方法。

二、数码照相机的使用

普及型小型数码相机就是人们俗称的“傻瓜相机”，这类相机的特点是体积小、自动化程度高，可以用液晶显示器（liquid crystal display，LCD）取景拍摄，是教学和家用数码照相机的主流。这类相机的型号繁杂，但是在结构和操作方面又有共同点，其操作方式也大同小异，基本上可以触类旁通。

（一）数码相机部件简介

下面以 Nikon Coolpix S570 数码照相机为例，介绍相机各功能部件及使用方法，图 4-3、图 4-4 分别为数码相机正面、背面部件布局。

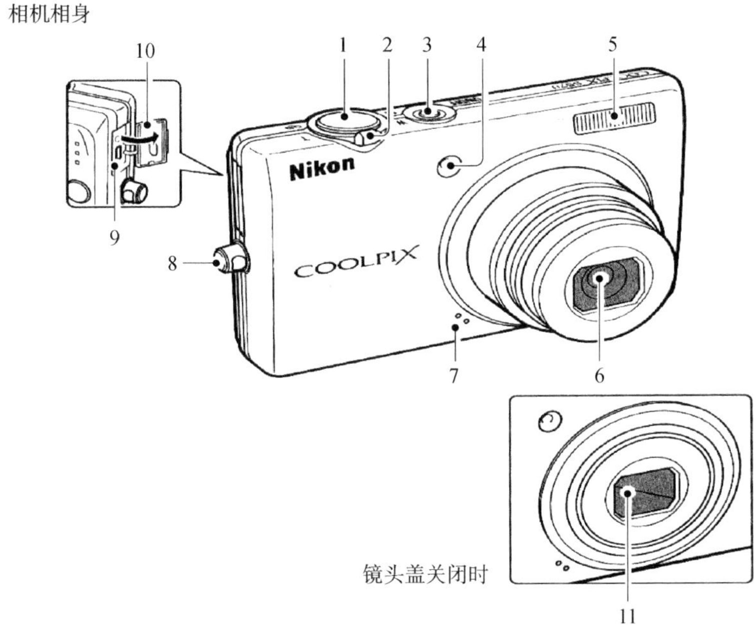

1. 快门释放按钮
2. 变焦控制
3. 电源开关/电源指示灯
4. 自拍指示灯
5. 内置闪光灯
6. 镜头
7. 内置麦克风
8. 固定相机背带的金属圈
9. 连接线接口
10. 针脚盖
11. 镜头盖

图 4-3　数码照相机正面部件布局

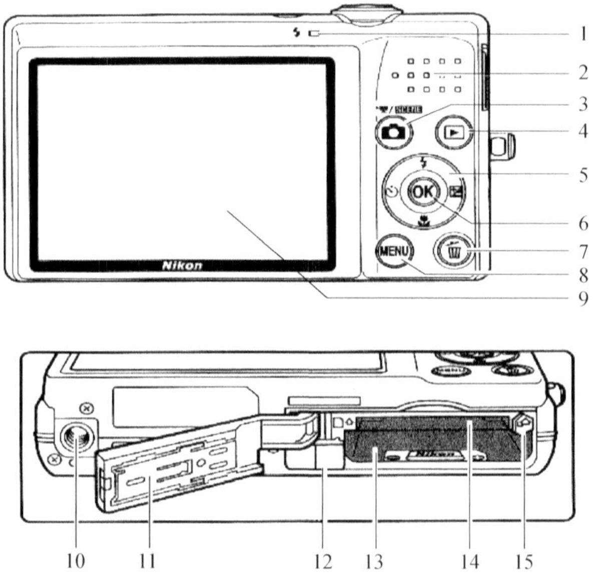

1. 闪光指示灯
2. 扬声器
3. 拍摄模式按钮
4. 播放按钮
5. 多重选择器
6. 应用选择按钮
7. 删除按钮
8. Menu按钮
9. 显示屏
10. 三脚架连接孔
11. 电池盖/存储卡插槽盖
12. 电源接口盖购电源适配器
13. 电池舱
14. 存储卡插槽
15. 电池锁门

图 4-4　数码照相机背面部件布局

（二）数码照相机基本操作

1. 开机准备

按下电源开关键，电源指示灯呈工作状态，同时扬声器发出开机提示音进入准备拍摄状态。

2. 对焦和拍摄

（1）半按快门释放按钮

半按快门时，相机进行对焦，如图 4-5 所示。当拍摄对象清晰对焦时，启用的对焦区域呈绿色亮起。

（2）完全按下快门释放按钮

快门被释放，照片会被记录到存储卡或内存中。

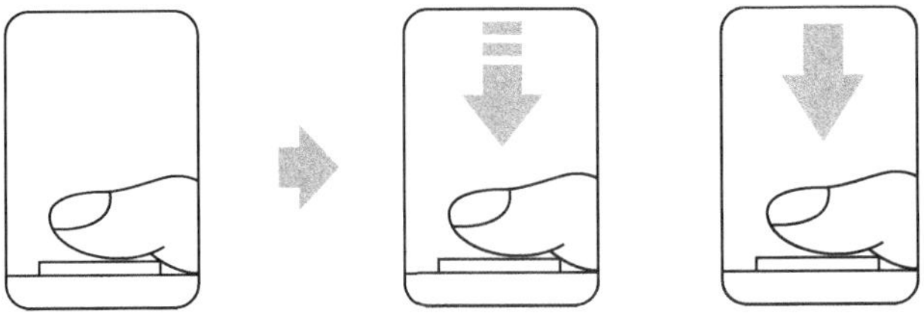

图 4-5　半按快门完成对焦和完全按下

3. 播放照片（播放模式）

按▶（播放）按钮，最后拍摄的一张照片将以全屏播放模式显示，按多重选择器▲、▼、◀或▶查看其他的照片。按住▲、▼、◀或▶快进，如图 4-6 所示。

按📷按钮或快门按钮切换到拍摄模式。

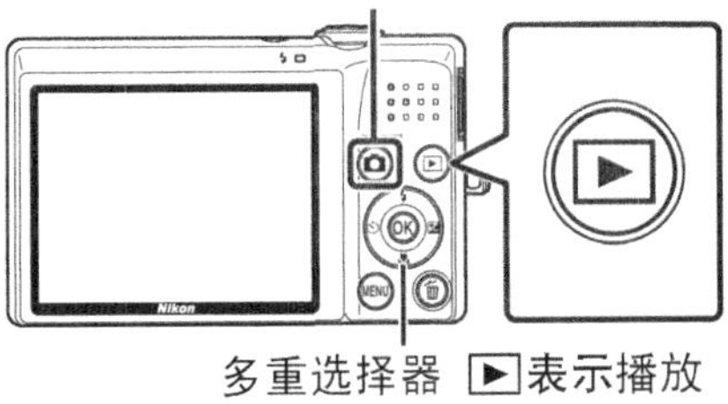

图 4-6　播放相机上已有的照片

4. 删除照片

如图 4-7 所示，按“垃圾桶”按钮删除当前显示屏中的照片。使用多重选择器选择“是”，然后按“OK”按钮。

（a）删除按钮　　（b）确认删除

图 4-7　删除相机上已有的照片

5. 曝光补偿用

1）曝光补偿用于改变相机建议的曝光值，以使照片加亮或变暗。按☑（曝光补偿用）显示曝光补偿指南，如图 4-8 所示。

图 4-8　曝光补偿按钮

2）使用多重选择器▲或▼选择所需的设定，然后按“OK”按钮。当照片过暗时，向“+”侧调节曝光补偿。当照片过亮时，向“−”侧调节曝光补偿。曝光补偿可以在−2.0EV～+2.0EV 进行设定。如果在数秒之内没有按“OK”按钮设定，选择将被取消。

设定为 0.0 之外的其他任何值时，该值会与图标一同显示在显示屏中，如图 4-9 所示。

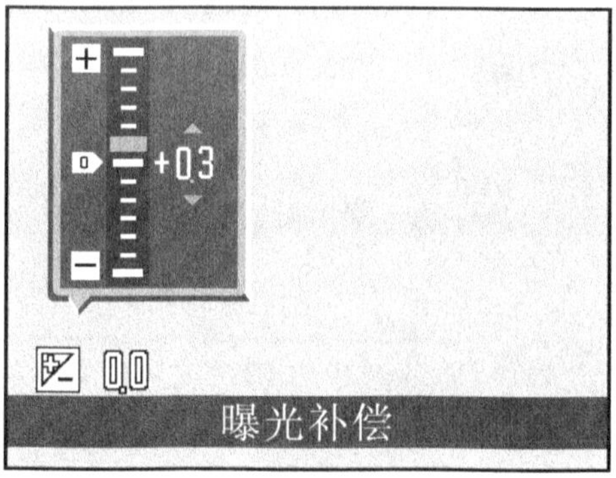

图 4-9　曝光补偿值

3）按快门释放按钮拍摄照片。若要关闭曝光补偿，从步骤 1）重复操作并将值设定为 0.0，然后按“OK”按钮。

6. 在场景模式中拍摄

相机设定将根据所选拍摄对象的类型进行自动优化，可以使用以下的场景模式（图 4-10）。

场景自动选择器	人像	风景	运动	夜间人像
宴会/室内	海滩/雪景	夕阳	黄昏/黎明	夜景
近摄	食物	博物馆	烟花表演	复制
逆光	全景辅助			

图 4-10　拍照场景模式

1）在拍摄模式中按 按钮显示拍摄模式选择菜单，此时会显示最后一次选择的场景模式图标，然后按多重选择器▲或▼选择一个场景图标，如图 4-11（b）所示。

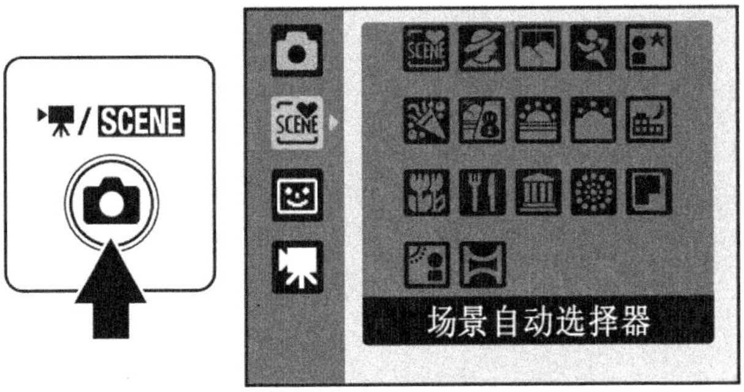

（a）场景选择器按钮　　（b）场景自动选择器

图 4-11　场景选择

2）按多重选择器，然后按▲、▼、◀或▶选择所需的场景，然后按“OK”按钮（图 4-12）。

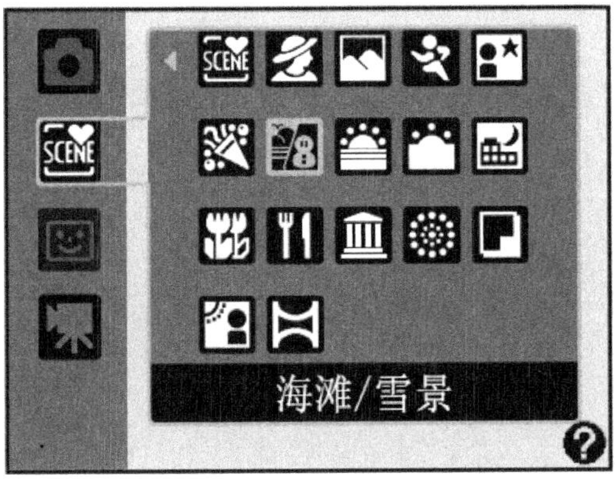

图 4-12　场景选定

3）构图并拍照，如图 4-13 所示。在拍照时，可以选择相应的场景模式来拍摄，会得到比较好的曝光和色彩效果。

图 4-13　构图拍照

4）持相机的姿势，姿势一定要使用双手来拿住机机，并保持相机水平，如图 4-14 所示。

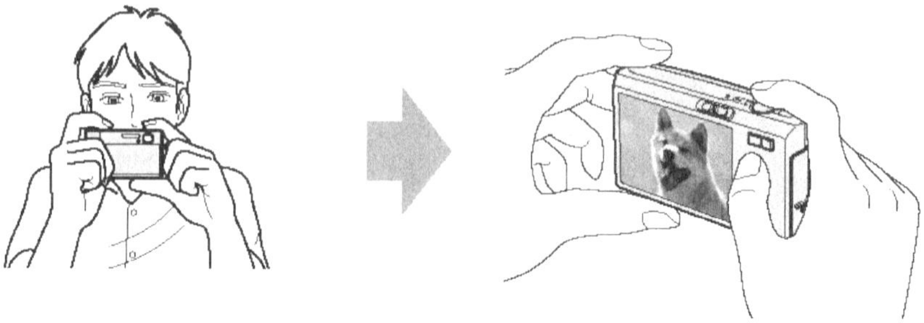

（a）持机姿势正面　（b）持机姿势背面

图 4-14　拍摄姿势示意图

第三节　数码照片拍摄综合实验设计

摄影和绘画一样，既是一门技术，也是一门艺术。拍摄者除了对拍摄工具（数码相机）的熟练操作外，还需要掌握一定的数码摄影基础知识，才能进行有创造性的拍摄工作。下面介绍一些摄影基础知识。

一、摄影画面构图的三要素

画面构图的三要素是指画面拍摄的景别、拍摄高度和方向。在拍摄时要多景别、多角度取景构图，使画面丰富，也为后期编辑提供便利。

（一）景别

景别是指被摄主体和画面形象在银幕框架结构中所呈现的大小和范围。不同的景别意味着不同的视野、气质和韵律、节奏，带给观众的心理感受也不同，不同景别的人物照片如图 4-15 所示。通俗地说，景别就是拍摄者想让观众看到什么、不想看到什么的一种造型手段。景别分为全景、远景、中景、近景和特写等。

(a) 特写　(b) 近景　(c) 中景　(d) 远景　(e) 全景

图 4-15　不同景别的人物照

1. 全景

全景包括被摄对象的全貌和它周围的环境。与远景相比，全景有明显的内容中心和结构主体，全景的作用是确定事物和人物的空间关系，展示环境特征。

2. 远景

远景是视距最远、表现空间范围最大的景别。它视野广阔、景深悠远，主要表现地理环境、自然风貌等开阔的场景。其作用是展示巨大的空间、介绍环境、展现事物的规模和气势。

3. 中景

在中景画面中，人物和事物的形象及形状特征占主要成分，它更注重具体动作和情节，可以清楚地看到人与人之间的关系和感情交流，也能看清人与物、物与物之间的相对位置关系。

4. 近景

近景是拍摄成年人胸部以上的部分或物体局部的画面，用以细致地表现人物的精神和物体的主要特征。近景可以清晰表现人物的面部表情和细微动作。

5. 特写

特写是表现人物肩部以上及头部或某些被摄对象细部的画面，是视距最近的画面。它可以作更细致的展示，揭示特定的含义。特写反映的内容比较单一，起到形象放大、内容深化、强化本质的作用。在具体运用时主要用于表达、刻画人物的心理活动和情绪特点，起到震撼人心、引起注意的作用。

（二）拍摄高度

拍摄高度是指以被摄主体为中心，镜头在垂直方向上的不同高度拍摄所构成的拍摄角度。一般分为平拍、仰拍、俯拍三种，如图 4-16 所示。

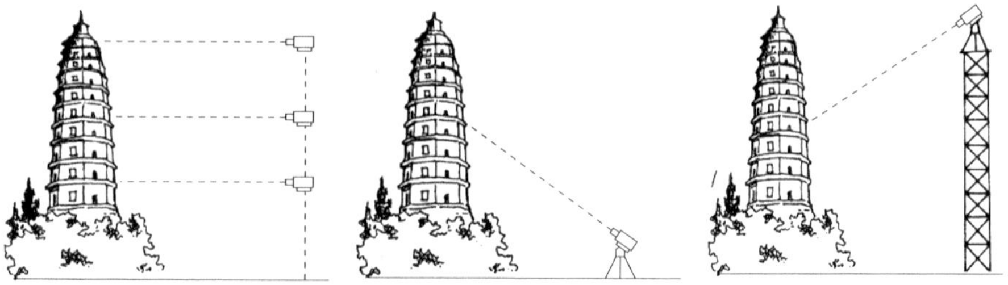

（a）平角度拍摄　（b）仰角度拍摄　（c）俯角度拍摄

图 4-16　三种角度的拍摄

1. 平拍

平角拍摄是指相机镜头与被摄主体在同一水平线上进行拍摄，被摄对象不易变形，使人感到平等、客观、公正、冷静、亲切。不足之处在于把同一水平线上的前后物体相对地压缩在一起，显得呆板、单调，缺乏空间透视效果，不便于表现层次感。

2. 仰拍

仰拍是指相机镜头低于被摄主体的水平线向上拍摄。仰拍有利于突出被摄主体的高大气势，能将向上伸展的景物在画面上充分表现。仰拍人物，容易显示出高昂向上的形象，但在广角状态下近距离仰拍人物容易变形。

3. 俯拍

俯拍是指相机镜头高于被摄主体的水平线向下拍摄，有利于表现地平面上的景物层次、数量、地理位置等，能给人辽阔、深远的感受。俯拍适宜表现盛大、开阔的场面。

（三）拍摄方向

拍摄方向是指以被摄主体为中心，镜头在水平方向上的不同方位进行拍摄，一般分为正面、背面、侧面、斜侧面等几种拍摄方向，如图 4-17 所示。

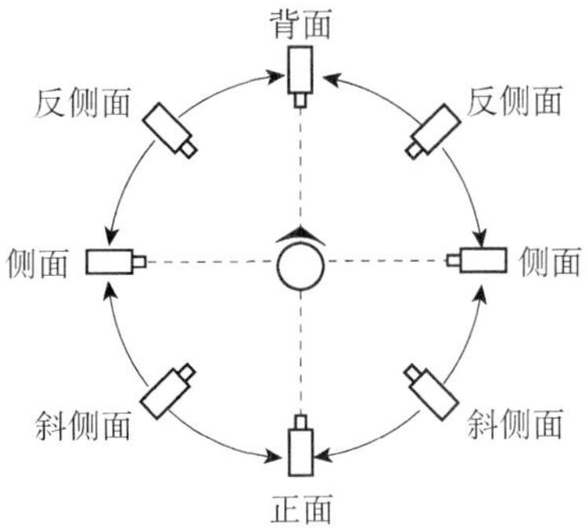

图 4-17 拍摄方向

1. 正面拍摄

正面拍摄是指相机镜头在被摄主体的正前方拍摄。

2. 背面拍摄

背面拍摄是指相机镜头在被摄主体的正后方拍摄。

3. 侧面拍摄

侧面拍摄是指相机镜头在与被摄主体正面方向成 90 度的位置拍摄。

4. 斜侧面拍摄

斜侧面相机镜头在被摄主体除正面、背面、侧面以外的方向拍摄。

二、摄影中的色彩

（一）光和影

没有光，就没有物体的形状、体积、结构、质感、颜色等，就没有看到的一切。所以摄影和绘画一样，都是光和影的艺术。光线的种类很多，有正面光、侧光、逆光、直接光、直接散射光、剪影等，按照光的来源又可分为自然光源和人造光源两种。不管哪种类型的光，都具有七个要素，分别是亮度、照度、光比、光位、光质、光效、光控。

1. 亮度

亮度指被摄物体的表面受到光照后所呈现的明暗程度，多为反射光。

2. 照度

照度指被照射物体在单位面积上接收到的光量。

3. 光比

光比指表现在被摄体上受光的照射后所形成的阴阳两个面的明暗对比度。

4. 光位

光位指光源所处的位置。

5. 光质

光质指光线的基本性质、强弱程度，以及其他特性运用在摄影画面中所表现出来的特定效果。

6. 光效

光效指摄影创作中运用各种照明光线在画面中再现现实生活中的特定环境所表现出来的艺术效果，它是摄影艺术造型的重要表现手段之一。

7. 光控

光控指在摄影创作中正确地利用光的强弱、远近、角度等，控制和运用各种光线效果，恰当地表现生活，从而达到或符合某种审美形态的用光方法。

摄影离不开光，摄影用光有两个基本目的，一是为了满足曝光的需要而提供足够的照明；二是为了控制被摄体再现的效果。在摄影中，光能影响被摄体再现的形状、影调、色彩、空间感、美感及真实感。光也能强化或削弱甚至消除被摄体某些方面的表现。

（二）摄影中的色彩

摄影的艺术表现有很多方面，如光线的运用、被拍摄物的布局等，而色彩是表现中的重中之重。摄影中的色彩包罗万象，无论是自然界还是人类社会，无论是早晨还是黄昏，每一分钟都有着不同的变化，如何更好地使用色彩来表现摄影的艺术形式，是一个值得探讨的问题。摄影与色彩的关系有以下几点需要注意。

1. 被摄主体与背景的关系

色彩搭配主体中色调与背景色的关系，直接影响到最终的拍摄效果，因此在拍摄时应当注意：一方面，主体的色彩要比背景色饱和度更高、更明亮，这样才能使主体更加突出；另一方面，被拍摄主体饱和度高、明亮的色块要小于饱和度低、暗的色块。

2. 摄影作品的色调关系

众所周知，人们对不同的色彩所产生的情感体验是不一样的。摄影作品整体的色调，决定了作品最终的表达效果。因此，摄影作品中的色相、明度、饱和度一定要按所要表达的思想来调整。一般来说，暖色调画面可获得温暖、热烈感；冷色调画面可获得清冷、宁静感；饱和度高的画面可获得明亮、轻松感；饱和度低的画面可获得深沉、庄重感。

3. 色彩的重点关系

摄影中色彩的使用，一定要有重点色彩，也就是说要有一个色彩是要突出表现的色彩，其他的色彩都是它的陪衬，是为主色彩服务的。例如，万绿丛中一点红，非常引人注目，但如果红色和绿色一样多，就无法突出红色了。

三、摄影中的构图

摄影构图是画面美观的关键，就是用相机镜头的成像特性和摄影造型手段来构成一定的画面，以揭示一定的内容。在构图时，不但要注意被摄主体的位置，而且还要研究整个画面的配置，保持画面的平衡性和画面中各物体要素之间的内在联系，调整构图对象之间的相对位置及大小，并确定各自在画面中的布局地位。构图的方法有很多，这里主要介绍以下几种构图法。

（一）黄金分割法

黄金分割法是影视、摄影和绘画最常用的法则之一。如果用一根线段表示的话，就将其分割为不同长度的两段，比例为 0.618∶1，在摄影、摄像时一般把被拍摄主体放置在一条线段的0.618处，视觉效果较好。

（二）三分法

三分法又称“井字分割”或“九宫格”法，这是一种古老的构图法则。

画面上下左右各三等分的直线产生了“井字分割”画面。实践表明，让重要的景物或人物正好位于画面1/3处而不是在正中央，这样的画面比较符合人的视觉审美习惯，甚至比被摄主体在正中央的画面更具美感。三分法的示意图及具体构图实例参考，如图4-18所示。

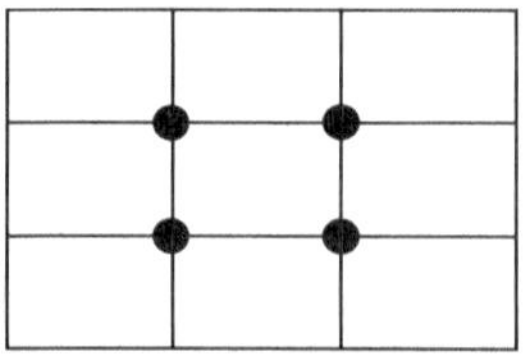

（a）三分法示意图

（b）三分法构图示例

图4-18　三分法构图示意图及构图示例

（三）垂直构图

垂直构图是一种比较不容易掌握的构图方向，如果用得不好，会产生不好的效果，所以在使用时一定要注意。垂直构图比较适合建筑、树木等，如图4-19所示。

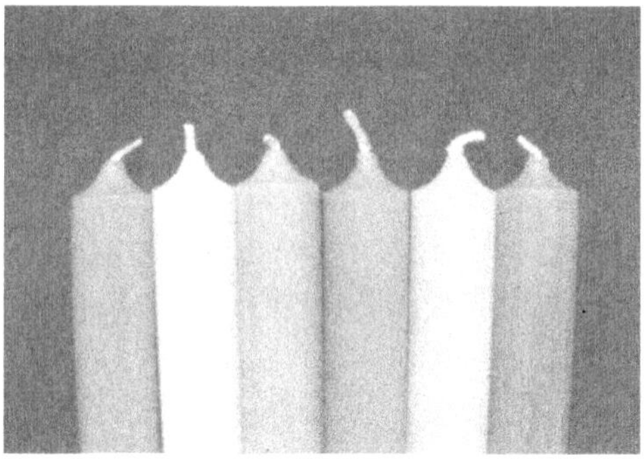

图4-19　垂直构图法示例

（四）对角线法

对角线法也是摄影中常用的构图法，当使用这种构图时，摄影主体不一定是绝对的对角线，如图4-20所示。

图 4-20　对角线构图示

（五）曲线构图（S 型构图）

曲线构图能表达一种意味深长的感觉，让人有很多想象的空间，比较适合一些风光照片的表现，如图 4-21 所示。

图 4-21　曲线构图示例

（六）斜线构图

斜线构图方式可以表现一种场景的纵深感，可以表现本来比较平面但连续的一些物体，如图 4-22 所示。

图 4-22　斜线构图示例

需要注意的是，对角线构图和曲线构图都是斜线构图的特殊形式。

（七）框架构图

框架构图方式常见于风景当中，使用近处的物体如树、花等把照片周围如画框一般围起来，如图 4-23 所示。

图 4-23　框架构图示例

四、数码照片拍摄的综合性设计性实验

生活中并不缺少美，缺少的是发现美的眼睛。学生可以运用数码相机进行室外取景，拍摄一组照片来生动形象地讲述一个生活中的主题故事。运用现代教育技术的理论指导，体验作品制作的全过程，包括拍摄前的稿本设计、实际拍摄、后期处理和集成等环节。

（一）拍摄前的准备

在这一阶段，要求每组学生讨论确定拍摄的主题，说明选题的背景和意义，提炼出拍摄制作的设计思路和内容结构安排，并根据组员的特长和实际情况进行分工合作，任务尽量落实到个人。准备工作请完成“数码照片拍摄脚本计划”表格的填写，具体任务见表 4-1。

表 4-1 数码照片拍摄脚本计划

<table>
<tr><td>拍摄主题</td><td colspan="3">项目</td></tr>
<tr><td rowspan="8">小组成员及分工</td><td>学号</td><td>姓名</td><td>分工</td></tr>
<tr><td></td><td></td><td></td></tr>
<tr><td></td><td></td><td></td></tr>
<tr><td></td><td></td><td></td></tr>
<tr><td></td><td></td><td></td></tr>
<tr><td></td><td></td><td></td></tr>
<tr><td></td><td></td><td></td></tr>
<tr><td></td><td></td><td></td></tr>
<tr><td>组长</td><td></td><td>电话</td><td></td></tr>
<tr><td>选题背景及意义</td><td colspan="3"></td></tr>
<tr><td>设计思路</td><td colspan="3"></td></tr>
<tr><td>内容结构梳理</td><td colspan="3"></td></tr>
<tr><td>关键技术分析</td><td colspan="3"></td></tr>
</table>

（二）数码照片拍摄过程

根据上述小组讨论的“数码照片拍摄脚本计划”内容和所学的摄影基础知识，以小组为单位，领取相机进行外景拍摄，数码相机的操作见本章实训4-1。

（三）作品编辑与分享

拍摄时多种原因可能会导致拍摄的照片有各种各样的问题，如曝光、画面杂乱、拍摄主体局部有瑕疵、构图不合理或者需要特殊的色调调整等，都需要进行后期处理。用 Photoshop 软件来进行后期加工处理，下一节将介绍几种 Photoshop 软件中常用的教学素材处理命令。

已处理好的照片较散乱，为了明确表达主题思想，需要各小组将大家的设计思路用 PPT 或其他工具集成电子相册，配上合适的背景音乐或解说，加上适当的文字说明，形成一个完整的作品。小组修改完善后进行汇报分享交流，达到知识深化和迁移的学习目的。

第四节　图像资源的加工处理

数字化图像最重要的特点之一就是可以方便地进行后期处理，通过图像处理软件能够制作出更适合自己需要的图像，并向观众有效表达自己的思想。图像处理软件种类繁多，目前业界流行的平面图像处理软件有 Photoshop、CorelDraw、FreeHand、Illustrator 等，每款软件都有适用于不同专业领域的独特优势。在众多的图像处理软件中，Adobe 公司开发的 Photoshop 是目前非常流行的一款平面图像处理软件，被广泛应用于教学和生活中。

和其他应用软件一样，在使用 Photoshop 之前需要先安装其应用程序，才可正常使用。Photoshop 的基本操作步骤如下：①打开 Photoshop 软件；②新建或打开需要制作或处理的图像；③根据需要选择工具和菜单命令进行处理；④保存处理好的图像。

一、Photoshop 简介

自 1990 年 2 月 Photoshop1.07 诞生以来，Photoshop 一直在更新和完善，目前普遍使用的是 Photoshop CS5 版本，本书中的相关实例均通过该版本测试。目前，该软件最新版本是 2012 年发布的 Photoshop CS6 版本。Photoshop 的主要功能为图像编辑、色彩校正、图像合成及特效制作等。

图像编辑功能可以对图像做各种变换，如放大、缩小、旋转、倾斜、透视、复制等变换操作和去斑、修补等修复缺陷操作。

色彩校正可以方便快捷地对图像的明度、色调、对比度等进行不同方式的调整和校正，也可在不同颜色空间内进行图像的转换。

图像合成则可以按教学要求将几幅图像通过图层操作、工具应用合成完整的、传送意义明确的虚拟图像，各种合成的工具加上教学创意可以使图像合成达到以假乱真、出神入化的效果。

特效制作主要通过各种滤镜、通道及工具综合应用来完成，如版画、浮雕、水粉、素描等常用的传统美术技巧都可由 Photoshop 滤镜完成。

（一）Photoshop 的工作界面

Photoshop 的工作界面包含了整个绘图窗口，以及在窗口中排列的工具箱、工具选项栏、参数设置面板等各个组成部分。熟悉 Photoshop 的工作界面是学习 Photoshop 十分重要的一步，Photoshop 的工作界面如图 4-24 所示。

图 4-24 Photoshop 的工作界面

从图 4-24 中我们可以看出 Photoshop 的工作界面主要由以下几个部分组成。

1. 标题栏

显示当前应用程序的名字（即 Photoshop），当将图像窗口最大化显示时，此处会改为显示当前编辑图像的文件名及色彩模式和正在使用的显示比例。

2. 菜单栏

使用菜单栏中的菜单可以执行 Photoshop 的许多命令，在菜单栏中共排列有 11 个菜单，每个菜单都带有一组自己的命令。

3. 工具选项栏

当在工具箱中选择某一个工具时，在工具选项栏中会呈现与该工具对应的一些选项，以方便用户设置使用。

4. 工具箱

包含了 Photoshop 中大部分常用的工具，单击某一工具按钮就可以调出相应的工具，它是用户最常使用的部分。

5. 图像窗口

即图像显示的区域，可以编辑和修改图像，对图像窗口我们可以进行放大、缩小和移动等操作。

6. 浮动面板

也称为控制面板，可以使用它们配合图像编辑操作和 Photoshop 的各种功能设置。可通过“窗口”菜单下的相应命令显示或者隐藏各种控制面板。

7. 状态栏

图像窗口底部的横条称为状态栏，为用户提供一些当前操作的信息。

（二）Photoshop 的工具箱

Photoshop 工具箱如图 4-25 所示，是在使用 Photoshop 过程中最常用的工具的集合。对图像的处理基本上都要通过工具来进行，说工具箱是 Photoshop 的灵魂一点也不为过。下面我们对工具箱里面的常用工具进行逐一介绍。

1. 选择工具区

选择工具区是由位于工具箱最上方第一组工具组成的，主要有框选工具、移动工具、套索工具、魔棒工具、裁切工具和吸管工具等。不同的对象需要使用不同的选区工具，规则的图像可以用规则选区工具，不规则的图像可用多边形选区工具，颜色单一或相近的选区可用魔术棒工具，边缘较明显的选区可用快速选择工具等。

2. 绘图工具区

绘图工具区位于选择工具区的第二组工具，由八个工具组成：图像修复工具、铅笔工具、橡皮图章工具、历史记录画笔工具、橡皮擦工具、渐变工具、模糊工具、亮度工具。

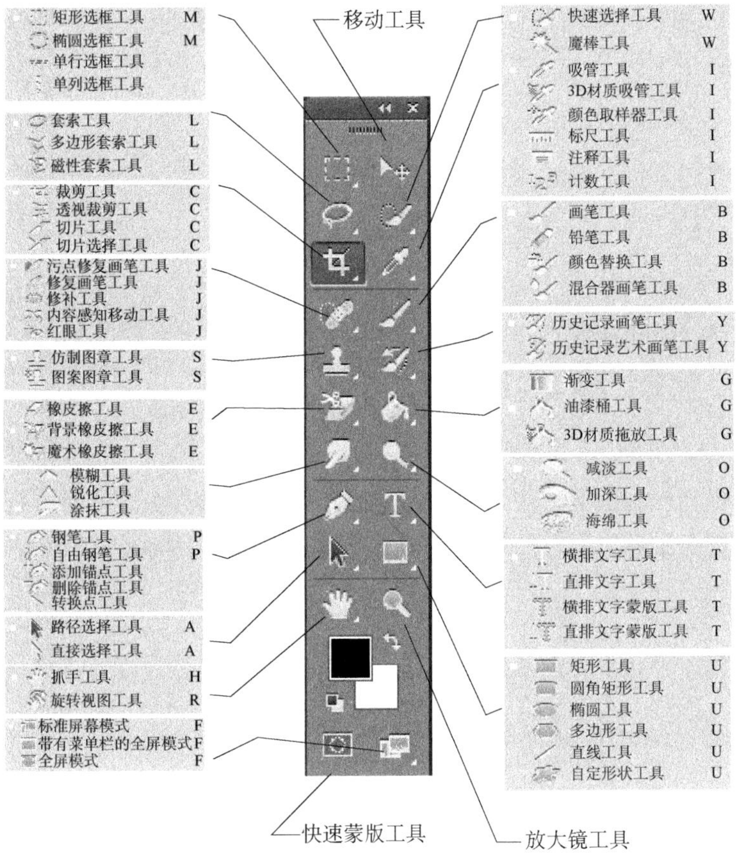

图 4-25　Photoshop 的工具箱

3. 其他工具区

其他工具区常用的工具有：路径和钢笔工具用于绘制路径；文字工具用于输入文字；吸管工具用于吸取图像中某一特定的颜色；缩放工具用于放大图像，方便对局部进行操作，在任意工具情况下，按 Ctrl+“+”键，或 Ctrl+“−”键可直接放大或缩小图像；抓手工具用于移动放大后的图像，在任意工具情况下，按空格键可变为抓手工具。还有前景、背景色的设置；正常编辑模式和快速蒙版编辑模式选择等。

利用 Photoshop 相关工具进行简单图像合成的案例见本章实训 4-2。

二、图像色彩的调整

（一）色彩的三要素

光是色彩产生的原因，色彩是光感觉的结果。人们对色彩的感觉，要有光、光照射的对象、视觉器官和大脑，三者缺一不可。色彩的三要素分别指色彩的色相、饱和度和明度。

1. 色相

色相指色彩的相貌，是一种色彩区别于另一种色彩的表象特征，用色相能够确切地表示颜色色别的名称，如红、橙、黄、绿等。各种颜色的色相是依据太阳光谱波长顺序排列的，在研究色相时，通常不是用直线排列表示色相系列，而是将其首尾相连形成环状，又称色相环或色轮。色相体现着色彩的外向性格，是色彩的灵魂。

2. 饱和度

饱和度又称纯度或彩度，是指色彩的纯净程度，即色彩系统中每种色彩的鲜浊程度。通常以纯色在某种色彩中所占比例的大小来判断纯度的高低，纯色比例大的纯度高，纯色比例小的纯度低。

3. 明度

明度指色彩的明暗程度。由于各种有色物体的反射光量有差别，所以产生了颜色的明暗。明度好像隐藏在色彩华美肌肤内的骨骼，它支撑着整个色彩体系的空间结构。明度具有一种不依赖于其他属性而存在的独立性。

（二）色彩的心理效应

色彩的心理效应指色彩对人的眼睛及心理的作用，即色彩的属性对比、刺激作用和造成的心理印象、象征意义及情感影响等。色彩的视觉心理要素包括色彩的冷暖、进退、轻重、厚薄和动静等，它是人的心理活动影响色彩感觉的结果。例如，白色象征纯洁、真理和清白；黑色具有深沉、庄重和神秘之感；红色是热情、活泼、激情和喜庆的象征；蓝色具有沉静和理智的特性等。

（三）色彩的调整

调整颜色和色调主要是为了调整色彩平衡以移去不需要的色痕，或者校正过度饱和或不饱和的颜色，使图像整体色彩效果更加协调。

在学习 Photoshop 的色彩调整功能前，应先掌握一个重要的工具——直方图。直方图是用统计图的方式，表示图像的每个颜色亮度级别的像素数量的分布情况，即显示图像在暗调（直方图的左边部分）、中间调（直方图的中间部分）和高光（直方图的右边部分）中是否包含足够的细节，以便进行更好的校正，如图 4-26 所示。

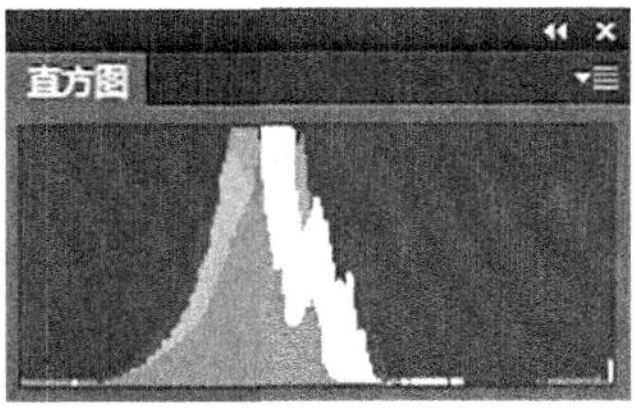

图 4-26　色阶直方图

调整颜色和色调的所有操作命令可以在【图像】|【调整】选项中选取，各种常见的调整颜色命令的功能介绍如表 4-2 所示。

表 4-2　Photoshop 中常用的调整颜色命令

序号	命令	功能
1	自动颜色	快速校正图像中的色彩平衡。虽然从名称上看，它的意思是自动调整，但还可以微调“自动颜色”命令的执行方式。“自动颜色”命令通过搜索实际图像来标志暗调、中间调和高光，以调整图像的对比度和颜色
2	匹配颜色	将一张照片中的颜色与另一张照片相匹配，将一个图层中的颜色与另一个图层相匹配，该命令还调整亮度和颜色范围并中和图像中的色痕
3	色彩平衡	更改图像中所有的颜色混合
4	色相/饱和度	调整整个图像或单个颜色分量的色相、饱和度和亮度值
5	替换颜色	将图像中的指定颜色替换为新颜色值
6	可选颜色	调整单个颜色分量的印刷色数量
7	通道混合器	修改颜色通道并使用其他颜色调整工具不易实现的色彩调整
8	色阶	通过为单个颜色通道设置像素分布来调整色彩平衡
9	曲线	对于单个通道，为高光、中间调和暗调的调整最多可提供 14 个控制点
10	照片滤镜	通过模拟在相机镜头前安装 Kodak Wratten 滤镜时所达到的摄影效果来调整颜色
11	反相	反转图像中的颜色

三、Photoshop 中的关键术语

（一）图层

Photoshop 的图层可以被想象成一张张折叠起来的透明纸。如果图层上没有图像，就可以一直看到最底层的图层。一幅 Photoshop 图片，可以包含多个图层，每个图层中的内容可以不一样，对某一图层进行操作，不会影响其他图层上的内容。当多个不同内容的图层叠加起来后，就达到了合成图像的效果。在 Photoshop 中，对图层的操作和管理主要依靠“图层”面板和“图层”菜单来完成。其中，利用“图层”面板可以显示和编辑当前图像窗口中的所有图层，如创建、显示、删除、重命名图层，调整图层顺序，应用图层样式，创建图层组和添加图层蒙版等。

显示图层面板的方法：执行【窗口】|【图层】命令。Photoshop 中的图层有多种类型，如普通图层、背景图层、调整图层、填充图层、形状图层和文本图层等。图层调板及各种图层类型如图 4-27 所示。

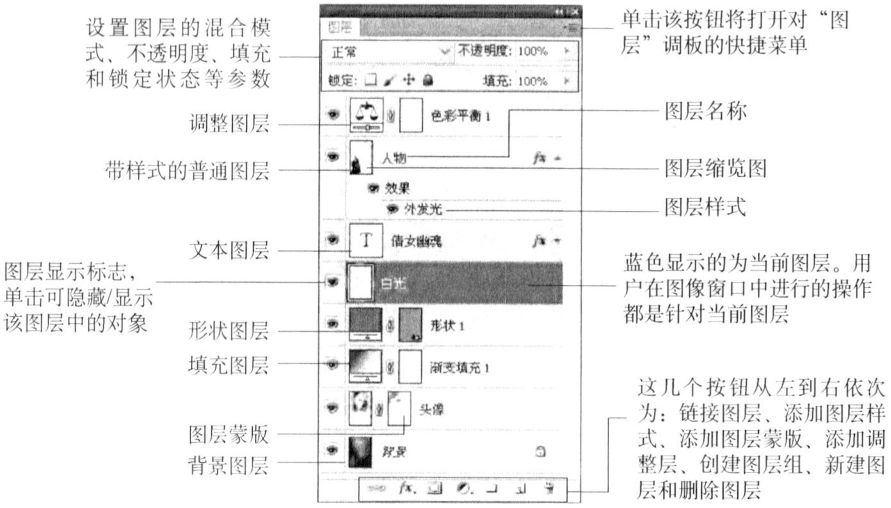

图 4-27 Photoshop 的图层面板

1. 图层的分类

根据图层作用的不同，可以分为以下几个类别：①普通图层。是 Photoshop 中最基本、最常用的图层。为方便编辑图像，常常需要创建普通图层，并将

图像的不同部分放置在不同的图层中。②背景图层。新建的图像通常只有一个图层，那就是背景图层。背景图层具有永远在最下层、无法移动图像（选区内的图像除外）、不能包含透明区域（透明区域是图像中没有像素的区域，这些区域将显示该图层下方图层中的内容）、无法应用图层样式和蒙版等特点。③文字图层。使用文字工具创建文本时自动创建的图层，只能用来存放文本。④形状图层。利用形状工具绘制形状时自动创建的图层，只能用来存放形状。

2. 图层的基本操作

图层的基本操作有新建、复制、选择、重命名、删除、显示和隐藏、锁定和解锁、链接和合并、对齐和分布图层、调整图层叠放次序等，掌握这些基本操作，可使图像处理过程变得更加方便、快捷。

（1）选择图层

要对某个图层或图层中的图像进行编辑操作，首先要选中该图层。用户还可同时选中多个图层，以方便对它们进行统一移动、变换、对齐和分布、合并等操作。具体操作如下：①在图层调板中点击某个图层即可选中该图层，并将其置为当前图层；②按住 Shift 键的同时点击首尾两个图层，可以选择连续的多个图层；③按住 Ctrl 键的同时依次单击要选择的图层，可以选择不连续的多个图层。注意，按住 Ctrl 键时，单击图层缩览图，即可将该图层中的图像载入选区。

（2）调整图层的叠放次序

图像中的图层是自上而下叠放的，因此，在编辑图像时，调整图层的叠放顺序可以获得不同的图像合成效果。具体操作如下：①在“图层”面板中选中要移动位置的图层；②按住鼠标左键不放，将其拖动到指定位置并释放鼠标左键即可。

（3）新建图层、重命名图层和删除图层

需要单独操作的对象要放到新图层上。操作方法是：新建图层直接点击“图层”面板底部的“新建”按钮即可，新建的图层显示在当前图层之上。为了图层管理的方便，需将图层重新命名成有明确意义的名称。操作方法：双击现有的图层名称，进入编辑状态，输入新的图层名称即可。如果图层面板中有多余的图层和不需要的图层，请将其删除。操作方法：直接将不需要的图层拖放到图层调板底部的“删除”按钮上，松开鼠标即可。

（4）显示和隐藏图层

当一幅图像包含多个图层时，通过隐藏某些图层，可以方便查看其他图层中的内容。操作方法：点击图层左边的“眼睛”图标，即可在隐藏和显示之间切换。

（5）锁定和解锁图层

在编辑图像时，为避免某些图层上的图像受到影响，可将其锁定。操作方法：选中这些图层，然后单击“图层”面板中的四种锁定方式按钮将其锁定。其中，锁定透明像素按钮，表示禁止在锁定层的透明区域绘画；锁定图像像素，表示禁止编辑锁定层，但可以移动该图层中的图像；锁定位置，表示禁止移动该图层中的图像，但可以编辑图层内容；锁定全部，表示禁止对锁定图层进行任何操作。如果要取消对某一图层的锁定，可选中该层后，在“图层”面板中单击释放相应的图层锁定按钮即可。

（6）对齐和分布图层

利用对齐与分布功能，可以将位于不同图层上（需同时选中要对齐的图层或在这些图层之间建立链接）的图像在水平或垂直方向上对齐或均匀分布。

（7）链接和合并图层

在编辑图像时，可以将多个图层链接在一起，以便同时对这些图层中的图像进行移动、变形、缩放、对齐等操作。利用图层的合并功能，可以将多个图层合并为一个图层，以便对其进行统一处理。操作方法：同时选中要合并的多个图层，然后选择【图层】|【合并图层】命令。

链接图层和合并图层的区别是，链接图层仅是暂时的整体，操作完后，取消链接，又可以对单个的图层进行操作，而合并图层则是把多个图层变成一个图层，不能再对单个的对象进行编辑处理。

（8）图层混合模式和不透明度

图层混合模式决定当前图层中的像素与其下面图层中的像素以何种模式进行混合，是 Photoshop 最核心的功能之一，也是在图像处理中最为常用的一种技术手段。使用图层混合模式可以创建各种图层特效，创作充满创意的平面设计作品。

通过调整图层的不透明度可以改变图像的显示效果，有图层不透明度和图层填充不透明度两种类型，其中图层填充不透明度只是图层内容受影响，图层样式不受影响。设置图层不透明度和填充的效果如图 4-28 所示。

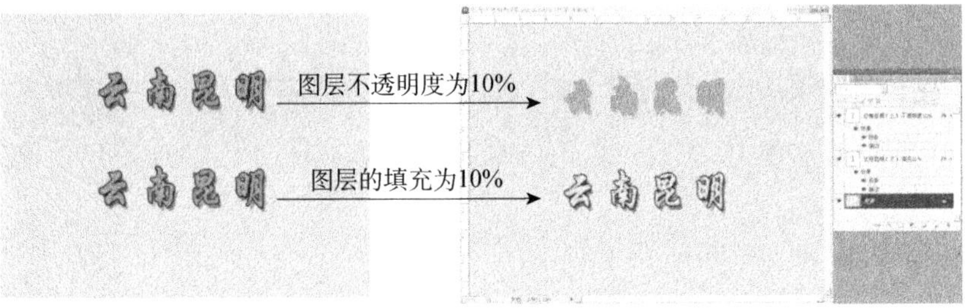

图 4-28　图层不透明度和填充设置前后的对比图

利用图层填充不透明度这一特性，可以制作出空心字的效果。

（9）添加图层样式

在 Photoshop 中，我们可以为图层添加样式（如投影和内阴影、外发光和内发光、斜面和浮雕、光泽、描边等），从而快捷制作出各种特殊的图像效果。操作方法：选中要添加样式的图层，单击图层面板中的“添加图层样式”按钮（或者在“图层”菜单中点击图层样式选项），点击需要添加的样式，调整相关参数即可。也可利用“样式”面板快速设置图层样式。操作方法：选中图层，执行【窗口】|【样式】命令，在其中点击要应用的某种样式，即可将其添加到所选图层上。如果对样式不满意，还可以双击样式名称，进入选项面板修改相关参数，直到满意为止。

（10）调整图层和填充图层

调整和填充图层用来无损调整该图层下方图层中的色调、色彩和填充效果。

（二）通道

Photoshop 中的通道主要用于存储图像的颜色和选区信息，在实际应用中，利用通道可以快捷地选择图像中的某部分，还可以对颜色通道单独进行处理，从而制作出许多特殊的图像效果。通道有颜色通道、Alpha 通道和专色通道等。

这里需要注意的是，Alpha 通道用于保存 256 级灰度图像，其不同的灰度代表了不同的透明度，即黑色代表完全透明，白色代表完全不透明，灰色代表半透明。专色通道主要用于辅助印刷。

（三）蒙版

Photoshop 中的蒙版可分为快速蒙版和图层蒙版两种类型。其中，利用快

机通信”模式，打开电源；③大部分相机都是 USB 接口，打开相机设备，选中图片，拷贝到计算机；④退出相机设备，关闭电源，拆拔连接数据线，完成操作。

四、注意事项

1）注意数码相机与计算机之间的连接，在相机关机状态下操作。

2）数码相机用完应及时关闭电源，盖好镜头盖，取出电池。

3）拍摄的时候注意构图及光线的选取。

实训 4-2　photoshop 基本应用实例

一、实训目的

1）掌握计算机处理加工制作图片的基本方法。

2）熟悉 Photoshop 的工作界面和基本工具的使用。

3）知道编辑修改图像的基本方法。

二、实训环境

多媒体计算机；Windows 7/8/10 操作系统；图像处理软件 Photoshop CS5 及其以上版本。

（本实训中所举例的图例部分由互联网下载，后面不再一一表明）

三、实训过程

（一）设置图像的透明背景

在制作课件时，总会遇到图片的背景不能很好地与其他图片融合的情况。利用 Photoshop 软件可以轻松地将一张图片背景去除，达到突出主体的目的，效果如图 4-32 所示，操作要点如下。

1）打开图片：打开 Photoshop 软件，执行【文件】|【打开】命令。

2）选择盘子：用魔术棒工具选择黑色区域，再执行【选择】|【反向选择】命令，然后执行【编辑】|【复制】命令（Ctrl+C）。

3）新建文件：执行【文件】|【新建】命令（注：背景设置为透明），然后执行【编辑】|【粘贴】命令（Ctrl+V）。

4）保存文件：执行【文件】|【存储为】命令（文件类型选择 Png 或 Gif 格式）。

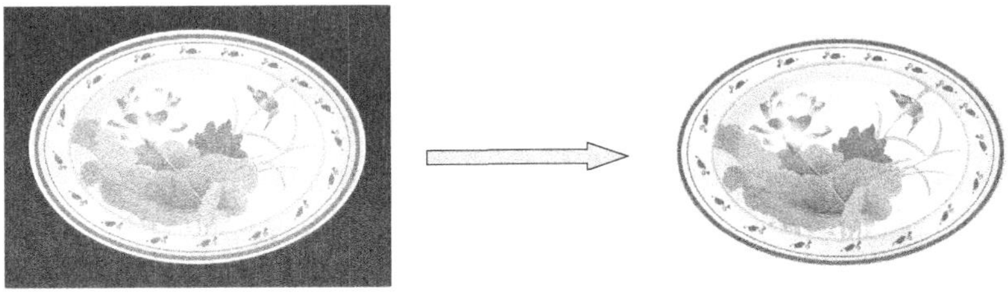

(a) 去除图像背景效果前　　(b) 去除图像背景效果后

图 4-32　去除图像背景效果图

（二）数码照片“瘦身”处理

如今的高清照片（图像尺寸和分辨率都很高），文件较大，作为课件素材使用时，会影响课件的大小和打开、播放速度，因此需要给数码照片“瘦身”处理。从图像参数和视觉效果的对比可以看出，处理前后两幅图像的视觉效果没有太大区别，但图像大小却有很大的变化，“瘦身”前是其“瘦身”后的 30 倍左右。

效果如图 4-33 所示，操作要点如下。

1）打开图片：打开 Photoshop 软件，执行【文件】|【打开】命令。

2）修改图像大小：执行【图像】|【图像大小】命令（先修改分辨率为 72ppi，再更改图像大小长宽为 800×600 像素）。

3）保存文件：执行【文件】|【存储为】命令（一般文件类型选择 JPEG 格式）。

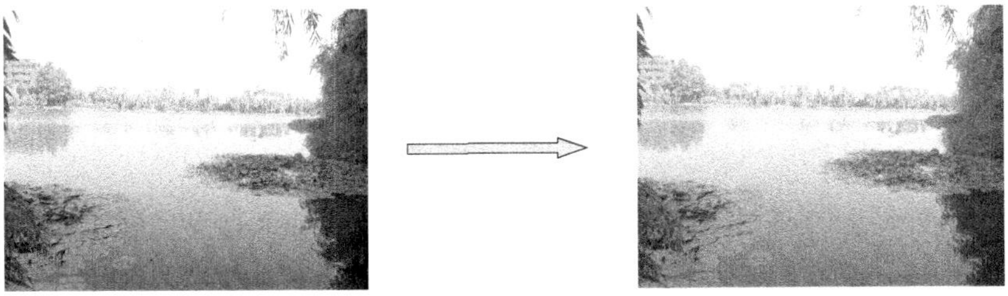

(a) “瘦身”前的图像参数：
尺寸：4000×3000像素
分辨率：300ppi
大小：4.59M

(b) “瘦身”后的图像参数：
尺寸：800×600像素
分辨率：72ppi
大小：164K

图 4-33　图像“瘦身”前后的参数及视觉效果图

（三）简单图像合成案例——小鸭吃西瓜

效果如图 4-34 所示，操作要点如下。

1）打开图片：执行【文件】|【打开】命令，打开“小鸭”和“西瓜”两张素材图像。

2）新建合成文件：执行【文件】|【新建】命令（背景为白色，分辨率为 72ppi，图像大小长宽为 800×600 像素）。

3）选择“小鸭”图像，复制到合成文件，调整大小和位置，图层命名为“小鸭”。

4）选择“西瓜”图像，复制到合成文件，调整大小和位置，旋转方向，图层命名为“西瓜”。

5）选择“小鸭”图层，选中小鸭上嘴皮，按“CTRL+C”“CTRL+V”键，增加了一个图层，命名为“上嘴皮”。

6）移动图层：将“上嘴皮”图层拖动到“西瓜”图层之上。

7）输入“小鸭吃西瓜”文字，设置图层样式的斜面和浮雕、投影和描边效果。

8）保存文件：执行【文件】|【存储为】命令。

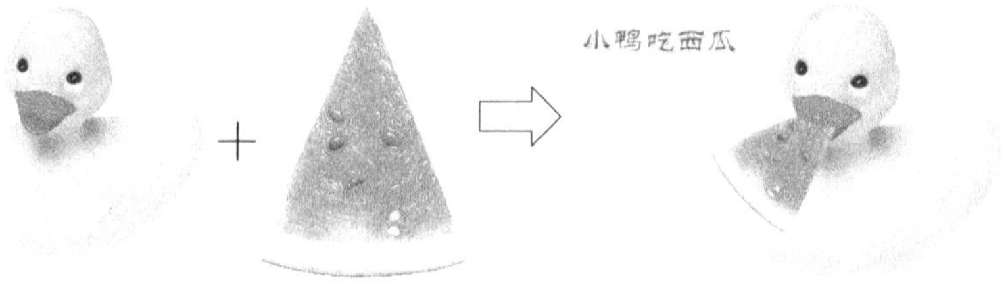

(a) 图像合成前　　(b) 图像合成后

图 4-34 简单图像合成效果图

（四）修复工具和仿制图章工具应用案例

效果如图 4-35 所示，操作要点如下。

1）打开图片：执行【文件】|【打开】命令，打开“雪景”素材图像，拖动背景图层到“新建图层”按钮上，得到“背景副本”图层。

2）去除水印：选择“污点修复画笔工具”，设置笔触大小，在水印区域按住鼠标左键拖动，即可去除水印。

3）去除A区域人物：选择“修补工具”，绘制A区域选区，将选区拖动到雪地干净区域，放开鼠标，即可去除多余人物。

4）复制B区域人物：选择“仿制图章工具”，设置笔触大小，在B区域按住ALT键，点击鼠标左键，进行取样。

5）新建图层：命名为“人物1”，在“人物1”图层上的适当区域，按住鼠标左键不放涂抹，即可复制B区域人物图像，按“CTRL+T”，适当缩小图像，移动到合适位置。

6）复制图层：将“人物1”图层拖到“新建图层”按钮，复制图层，选中“人物1副本”图层，移动到合适位置，进行适当缩放。

7）保存文件：执行【文件】|【存储为】命令。

(a) 修复前　　(b) 修复后

图4-35　修复工具和仿制图章工具应用效果图

修复画笔工具和仿制图章工具也可用于美化人物照片，去除人物脸部的斑点和皱纹等。

（五）色彩调整案例——用“色彩平衡”更换衣服颜色

效果如图4-36所示，操作要点如下。

1）打开图片：执行【文件】|【打开】命令，打开“人物照片”素材图像。

2）创建衣服选区：用快速选择工具选择人物的衣服部分。

3）调整色彩平衡：执行【图像】|【调整】|【色彩平衡】命令，打开“色彩平衡”对话框，分别调整红、绿、蓝的颜色条，直到满意为止。

4）按Ctrl+D取消选区，对整幅图像执行【图像】|【自动对比度】命令。

5）保存文件：执行【文件】|【存储为】命令。

（a）更换衣服颜色前　　（b）更换衣服颜色后

图 4-36　更换衣服颜色效果图

（六）选区羽化和图层蒙版应用案例——荷花仙子

效果如图 4-37 所示，操作要点如下。

1）打开图片：执行【文件】|【打开】命令，打开“荷花”和“小天使”素材图像。

2）去除水印：选择荷花图片，选择“污点修复画笔工具”，在水印处拖动，去除水印。

3）羽化选区：选择“小天使”图像，用椭圆选区工具粗略绘制选区，执行【选择】|【修改】|【羽化】命令，打开“羽化”对话框，设置羽化半径为 20 像素。

4）移动图像：选择移动工具，拖动选区部分到荷花图像窗口，执行【编辑】|【自由变换】命令（CTRL+T），调整“小天使”图像大小和位置，图层命名为“小天使”图层。

5）添加蒙版：选择“小天使”图层，点击图层底部的“添加矢量蒙版”按钮，给图层添加白色蒙版；选中蒙版，选择画笔工具，调整笔触大小和画笔的不透明度，将前景色设置为黑色，在不需要显示的“小天使”图层上绘制，盖住当前图像，显示背景图像信息；反复操作，直到满意为止。

6）保存文件：执行【文件】|【存储为】命令。

(a) 图像蒙版应用前　　　　(b) 图像蒙版应用后

图 4-37　图层蒙版应用效果图

实训 4-3　Photoshop 综合应用实例——多媒体课件界面的制作

一、实训目的

1）掌握 Photoshop 的综合运用实例。

2）熟悉制作课件界面的方法。

二、实训环境

多媒体计算机；Windows 7/8/10 操作系统；图像处理软件 Photoshop CS5 及其以上版本。

三、实训过程

（一）课件封面的制作

“美丽校园”课件封面的最终效果如图 4-38 所示。

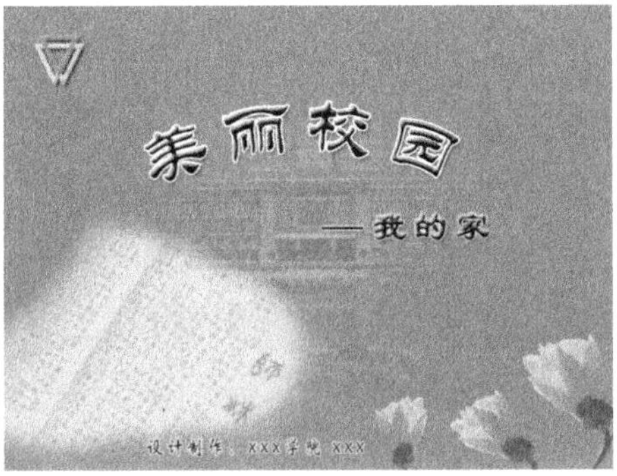

图 4-38　“美丽校园”课件封面设计

“美丽校园”课件封面具体制作步骤及技术分析如图 4-39 所示。

1）新建文件：执行【文件】|【新建】命令，文件名为“封面”，大小为 800×600 像素，分辨率是 72ppi，背景为白色。

2）添加基础色：新建图层，命名为“紫色”，前景色选择紫色（CMYK 分别是 49、77、0、28），用油漆桶工具填充。

3）添加“图书馆”图片：打开“图书馆”图片，执行【图像】|【图像大小】命令，将图像的长宽改为 800×600 像素，点击“确定”按钮；选择移动工具，将整张图片拖到“封面”文件，放开鼠标，调整位置；选择“图书馆”图层，图层不透明度设置为 35%；点击图层底部的“添加图层蒙版”按钮；选择图层蒙版，设置前景色和背景色分别为白色和黑色，用渐变工具进行径向渐变填充。

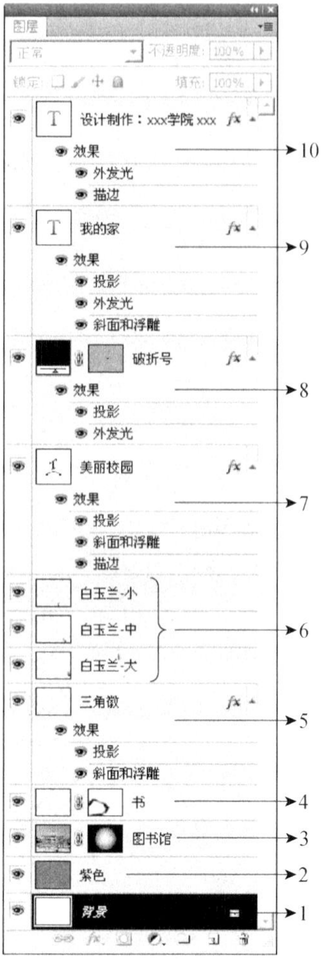

图 4-39　封面制作图层

注：图中数字与正文步骤编码相对应

4）添加“师林”图片：打开“师林”图片，用多边形选择工具选中书的部分，执行【选择】|【羽化】（羽化值为 40 像素），将选区内的图像复制、粘贴到“封面”文件中；执行【编辑】|【自由变换】命令，缩小图像；用移动工具调整图像的位置；图层不透明度设置为 60%；添加图层蒙版，选择画笔工具，前景色设置为黑色，不透明度设置为 80%，在书的边缘绘制，让周边多余的部分被遮盖，以显示下面图层的画面。

5）添加“三角徽”图片：打开“三角徽”图片，用魔术棒工具选中三角徽，将其复制、粘贴到“封面”文件，用快捷键 Ctrl+T 缩小图片，用移动工具拖放到合适位置；点击图层底部的“添加图层样式”按钮，为其添加投影与斜面和浮雕效果。

6）添加“玉兰”图片：打开“玉兰”图片，选中玉兰花，复制、粘贴到“封面”文件中，调整大小、移动位置；将“玉兰”图层拖到图层底部的“新建”按钮上，放开鼠标左键，复制玉兰图层，图层重命名为“白玉兰-中”，调整大小和位置；同理再复制“白玉兰-小”图层，执行“编辑”菜单-变换-水平翻转，调整大小和位置；选中三个“玉兰”图层，链接图层，统一调整图层不透明度为56%。

7）输入主题文字“美丽校园”：选择文字工具“T”，设置文字的字体为“华文隶书”，字号为“85点”，颜色为“黑色”；在封面上点击鼠标左键，输入文字；选中文字，设置变形文字的样式为“扇形”，弯曲为30%；给文字图层添加投影、斜面和浮雕和描边的图层样式效果，移动到适当位置。

8）绘制破折号：选择路径工具中的“直线工具”，前景色设置为黑色，按住shift键绘制直线形状；选择破折号图层，添加投影和外发光的图层样式。

9）输入副标题文字“我的家”：选择文字工具，设置字体为“隶书”，字号为“48点”，颜色为“黑色”；输入文字，添加投影、外发光、斜面和浮雕图层样式。

10）输入作者信息文字：选择文字工具，设置字体为“华文新魏”，字号为“24点”，颜色为“黑色”；点击输入文字，添加外发光、描边的图层样式。

封面设计完成后，查看界面的整体视觉效果，再次调整各元素之间的位置和大小比例关系，满意后，保存文件。执行【文件】|【存储为】命令（文件保存为PSD格式和JPEG格式）。

（二）课件导航界面的设计

课件导航界面的主要任务是告知读者该主题包括几方面的知识点，让人一目了然。该课件的导航界面效果图如图4-40所示，其整体风格与课件封面一致，包括基础色，组成元素等。不同之处在于文字的提示信息不同，并将一些图片的大小、位置和不透明度作了局部调整。

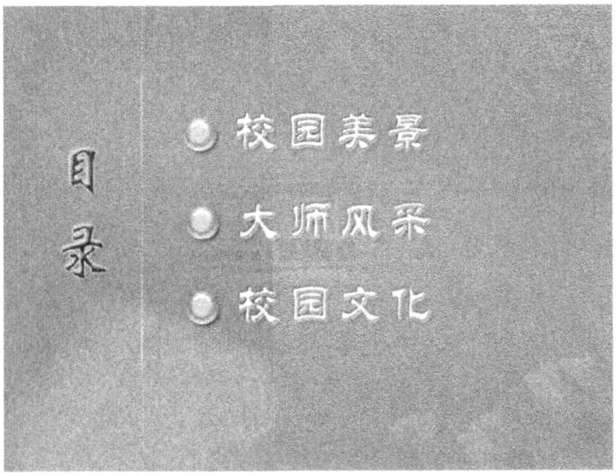

图4-40　“美丽校园”导航界面设计

“美丽校园”导航界面的制作步骤及技术分析如图 4-41 所示。

1）导航界面的基础色、图形元素等都与课件封面的元素一致。制作要点：打开“封面”的 PSD 格式文件，将主题文字、副标题文字和作者信息等文字图层删除；再移动三角徽的图标到界面的右上角；“书”的图层缩小一些；将“图书馆”图层、“书”图层和“三角徽”图层的不透明度统一设置为 20%。

2）制作分隔线：为了分隔目录和导航文字，在界面中绘制了一条垂直分隔线。制作要点：新建图层—选择矩形选区工具，绘制一个长条的矩形选区—设置前景色为白色，背景色为紫色—选择渐变填充工具，进行对称渐变填充；用快捷键 Ctrl+T，调整线的粗细；设置图层的不透明度为 50%，移动到合适位置。

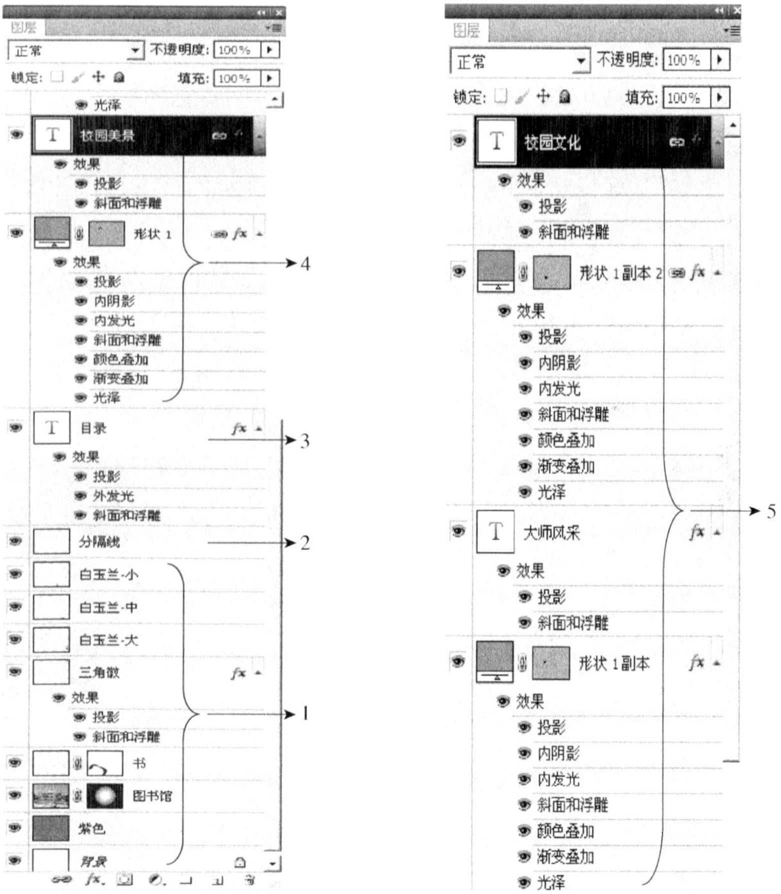

（a）导航界面设计图层第一部分　　（b）导航界面设计图层第二部分

图 4-41　“美丽校园”导航界面设计图层

注：图中数字与正文步骤编码相对应

3）输入“目录”文字：选择竖排文字“T”，设置字体为“华文新魏”，字号为“80 点”，颜色为“黑色”；添加投影、外发光、斜面和浮雕图层样式。

4）添加导航文字及其前导符圆形标识：导航文字前面的圆形标识主要起到装饰界面的作用。操作要点：选择路径的椭圆工具，按住 Shift 键绘制正圆形状，执行【窗口】|【样式】命令，打开“样式”面板，点击“样式”面板右上角向右的三角形按钮，追加“Web 样式”，选择“水银”样式，稍微修改图层样式，移动到适当位置。选择横排文字“T”，设置字体为“华文隶书”，字号为“60 点”，颜色为“白色”，点击输入“校园美景”文字；设置文字的投影、斜面和浮雕图层样式。同时选中圆形形状图层和“校园美景”文字图层，点击图层底部的“链接图层”按钮，将这两个图层链接，以便后续进行相同的复制操作。

5）按照同样的方法，制作“大师风采”和“校园文化”的文字效果和圆形标识。

整体设计效果满意后，保存文件（文件类型保存为 PSD 格式和 JPEG 格式）。

（三）课件内容背景界面设计

课件内容的背景界面主要是为了统一课件的整体风格而设定的，该课件的内容背景界面如图 4-42 所示，其整体色调和图片与封面和导航界面相似，不同之处是在导航界面的基础上尽量将色彩和图片淡化，以便在 PPT 课件制作中插入其他的对象，能够较清晰地显示。

图 4-42 “美丽校园”内容背景设计

据此，课件的内容背景界面的设计很简单，在导航界面的基础上稍作修改即可完成。操作步骤及技术分析如下。

1）打开导航界面的 PSD 格式文件，将界面中的文字图层和相应的圆形标识全部删除。

2）设置图层的不透明度：为了让背景简洁大方，不妨碍界面中其他对象的显示，应将背景界面中的基础色和图片都要降低图层的透明度。设置的参数值分别是：基础色“紫色”图层的不透明度为 15%，“图书馆”图层的不透明度为 20%，“书”图层的不透明度为 14%，“三角徽”图层的不透明度为 20%，“白玉兰”三个图层的不透明度统一设置为 50%，稍微调整大小和位置即可。

3）分隔线的制作：将导航界面中的“分隔线”图层复制一个图层后，执行“编辑”—变换—顺时针 90 度；将垂直分隔线缩短后放到合适位置，将水平分隔线拉长后放到合适位置，选中两条分隔线图层，设置图层的不透明度为 50%。

整体设计效果满意后，保存文件（文件类型保存为 PSD 格式和 JPEG 格式）。

【拓展阅读】综合性设计性实验

实验是认识世界的一种很好的工具。

综合性实验是指实验内容涉及本课程的综合知识或与本课程相关课程知识的实验。

设计性实验是指给定实验目的要求和实验条件，由学生自行设计实验方案并加以实现的实验。

综合性设计性实验是为了发掘学生的创造力，不拘泥于课本，不重复教学内容的实验部分，将所学知识充分应用到实验中的过程，让学生自己选题、独立完成分析的实验。

综合性设计性实验报告的内容主要包括基本信息（如学号、姓名、实验名称、实验环境、实验地点和实验时间等）、实验内容简述、实验设计思路（包括设计方案及流程等）、实验关键技术分析、实验过程（包括主要步骤、成果介绍、实验分析等）和实验总结等。

根据综合性设计性实验的上述特征分析，本次的小组照片拍摄实验和多媒体课件界面设计实验都属于综合性设计性实验范畴。

第五章

音频资源的获取与处理

声音是教学信息的重要载体，音频是教学和课件中不可缺少的重要资源，特别是以听、说为主的教学。本章主要介绍音频资料的获取、加工、编辑等基本工具和技能，并通过实践，学习和掌握音频处理的基本方法。

通过本章的学习，你能够学到以下几个知识点。

1）掌握音频基本知识。

2）学会常用的音频资源获取方式。

3）学会利用 Adobe Audition 等常见音频处理软件进行数字音频素材的基本加工处理。

4）学会将获取或处理好的数字音频资源有效应用在教学中。

第一节　音频基础知识

一、声音的基本概念

声音是人类进行交流和认识自然的主要媒体形式，语言、音乐、自然声构成声音的丰富内涵，人类生存在一个丰富多彩的声音世界中。

从物理的角度讲，声音是由机械振动产生的，并通过一定介质传播的连续的波——声波，它是随着时间连续变化的模拟量，如图 5-1 所示。

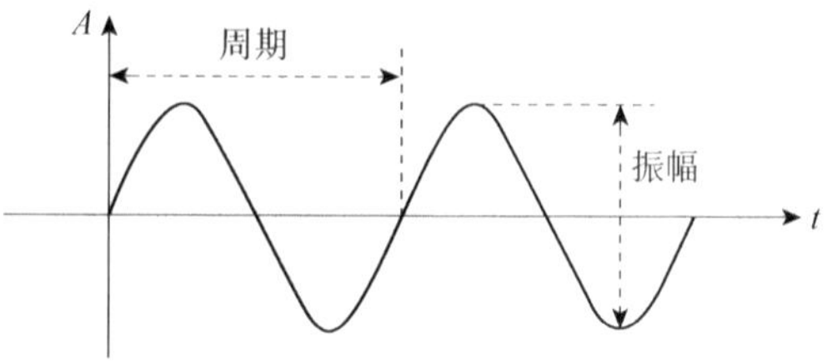

图 5-1　声音的波形

声音分为乐音和噪音两类。乐音由规则振动产生，只包含有限的特定频率，具有确定的波形。而噪音由不规则振动产生，包含一定范围内各种频率的声振动，没有确定波形。乐音又分纯音和复音两种类型。纯音是指振幅和周期都为常数的声音，复音则是指振幅和周期不相同的混合声音，一个复音可分解为若干个纯音。大自然中的大部分声音都是复音。在复音中，最低频率的声音称为“基音”，它是声音的基调，其他频率的声音称为“泛音”。

人们一般采用声音波形中的三个重要指标来描述声音信号。

（一）振幅——声音的响度（音量）

声波的振幅是声音波形的高低幅度，表示了声音信号的强弱程度，称为音强或音量。振幅越大，强度越大。音强通常以分贝（dB）为单位。表 5-1 列出了一些声音环境的分贝大小。

表 5-1 响度标准与声音的对应关系

分贝数	声音	分贝数	声音
1 分贝	刚能听到的声音	85 分贝	汽车穿梭的马路上
15 分贝以下	感觉安静	95 分贝	摩托车启动声音
30 分贝	耳语的音量大小	100 分贝	装修电钻的声音
40 分贝	冰箱的嗡嗡声	110 分贝	卡拉 OK 厅大声播放的声音
60 分贝	正常交谈的声音	120 分贝	飞机起飞时的声音
70 分贝	相当于走在闹市区	150 分贝	燃放烟花爆竹的声音

（二）周期和频率——声音的高低（音调）

声音信号的周期是指两个相邻声波之间的时间长度，即重复出现的时间间隔，以秒（s）为单位。声音信号的频率指每秒钟信号变化的次数，为周期的倒数，以赫（兹）（Hz）为单位。一个声音的基音频率决定了声音音调的高低，基音频率高则音调高，反之则低。各种不同的声源具有自己特定的音调。人类听觉的声音频率范围为20Hz～20kHz，低于20Hz的为次声波，高于20kHz的为超声波。人说话的声音信号频率范围通常为 300Hz～3kHz，这种频率范围内的信号也称为语音信号。

（三）频谱结构——声音的特色（音色）

音色也是描述声音信号的重要方面。音色与声音波形的形状即频谱结构有关，不同材料、结构、性质的发音体发出的声音会呈现不同的波形结构，从而形成不同的音色。

上述音量、音调、音色通常称为乐音的三要素。

二、声音的数字化

声音是具有一定振幅和频率且随时间变化的声波，通过话筒等转化装置可将其变成相应的电信号，但这种电信号是模拟信号，不能由计算机直接处理。把模拟声音信号转变为数字声音信号的过程称为声音的数字化，它是通过对声音信号进行采样、量化和编码来实现的（图 5-2）。

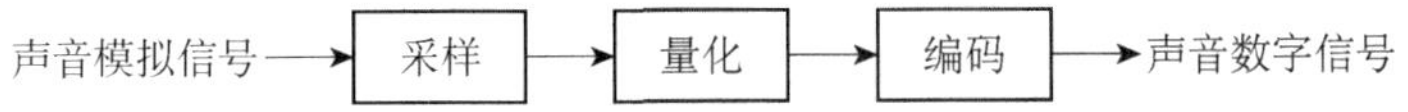

图 5-2 声音的数字化过程

根据以上声音的数字化原理，主要有以下几个影响声音数字化质量的要素。

（一）采样频率

采样是在时间轴上对信号进行数字化处理，即将连续的模拟声音信号按一定的频率转换成离散的数字声音信号的过程。采样频率是采样设备每秒钟内对声音信号所抽取波形幅度样本的次数。采样频率越高，录制和回放的还原声音就越真实自然，当然所需要的信息存储量也越多。常用的采样频率有11.025kHz、22.05kHz、44.1kHz、48kHz 等不同级别，分别对应不同的声音质量和用途。例如，22.05kHz 能达到 FM 广播的声音品质，44.1kHz 是理论上的 CD 音质界限，48kHz 是更加精细的专业音频采样率。

（二）量化位数

量化是在幅度轴上对信号进行数字化处理，即把连续变化的信号振幅按一定的级差精度读出采样点信号振幅数据的过程。量化值通常用二进制位数表示，又称取样大小，是对模拟音频信号的幅度轴进行数字化时每个采样点能够表示的数据范围，它决定了模拟声音信号数字化以后的动态范围，即被记录和重放的声音最高与最低之间的差值。量化位数越多，声音还原的层次就越丰富，音质越好，数据量也越大。如 8 位量化位数可表示 2^8（即 256）个不同量化值，16 位量化位数可表示 2^{16}（即 65536）个不同的量化值。

（三）编码算法

编码就是按照一定的格式记录采样和量化后的数字数据，并采用一定的算法来压缩数字数据以减少存储空间、提高传输效率。而不同的压缩编码算法形成数字音频的不同格式，进而影响其音质。

（四）声道数

声道数也是影响声音数字化质量的一个重要元素。声道数即所使用的声音通道的个数，它表明声音记录产生了一个波形或是两个、多个波形，相应地有单声道、立体声（双声道）、准立体声、四声道环绕、5.1 声道等标准。声道数越多，声音的表现力越丰富，同时也需要更大的数据量。

根据上述声音数字化质量影响因素的分析，可以得出声音数字化数据量的简单计算公式：

声音数字化数据量=采样频率（Hz）×量化位数（bit）×声道数/8（B/s）

三、数字音频文件格式

音频数字化过程中所采用的不同压缩编码算法造就了五花八门的数字音频文件格式，通常又分为无损压缩和有损压缩两种。目前常见的音频格式有WAV、MIDI、MP3、WMA、AAC、APE、CD-DA 等。

（一）WAV 波形格式文件

波形格式是由 IBM 公司和微软公司联合开发的，是目前在计算机上流行的数字音频格式，其文件扩展名为“.wav”。由于没有采用压缩算法，因此无论进行多少修改和剪辑都不会失真。同时，波形格式声音层次丰富、表现力强、还原性好。当使用足够高的采样频率时音质极好，但文件的数据量比较大。以一张 80 分钟的 CD 音乐碟片为例，将其中的音频文件转录为 WAV 文件后，大约需要 800MB 的存储空间。

（二）MIDI 格式文件

MIDI 是乐器数字接口（Musical Instrument Digital Interface）的缩写，文件的扩展名为“.mid”。它是由世界上主要电子乐器制造商联合建立的一种通信标准，以规定计算机音乐程序、电子合成器和其他电子设备之间交换信息与控制信号的方法。它不对音乐进行采样编码，而是将 MIDI 设备发出的每个音符记录下来，通过音乐合成器生成音乐声波，经放大后输出。因此，它不是严格意义上的数字化声音，而是一组声音或乐器符号的集合。由于其特殊的生成形式，MIDI 文件对存储容量的需求比波形声音文件要小得多（相差1000 倍以上），因而主要用于需要节省数据空间、对音质要求不高的场合，如计算机提示音、手机铃声等。

另外，MIDI 格式本身还有多种其他标准，如 General MIDI、MPU-401、MT-32 等。

（三）MP3 压缩格式文件

MP3 是将 WAV 格式文件以 MPEG Audio Layer-3 这一多媒体标准进行压

缩得到的格式，是由德国夫朗和费研究院（Fraunhofer IIS）和法国汤姆生（Thomson）公司于 1993 年联合推出的格式，其文件扩展名为“.mp3”。它通过删除音频信息中人耳不易识别的调频和低频信息，在音质损失较少情况下实现对音频数据的高比例压缩，压缩后文件大小只有原来的 1/15～1/10，每分钟音乐的 MP3 格式大约为 1MB，但通过播放器的实时解码播放，其音质可基本不变。MP3 格式体积小、音质好的特点使它成为目前最通用、最常见的音频格式之一。

（四）WMA 格式

WMA（Windows Media Audio）是微软公司推出的音频格式，其文件扩展名为“.wma”。WMA 格式是以减少数据流量但保持音质的方法来达到最高的压缩率目的，其压缩率一般可达到 1:18，生成的文件大小只有相应 MP3 文件的一半。

（五）AAC（M4A）格式

AAC 是高级音频编码（Advanced Audio Coding）的缩写，是基于 MPEG-2 的音频编码技术，由 Fraunhofer IIS-A、杜比和 AT&T 共同开发的一种音频格式。2000 年 MPEG-4 出台，AAC 重新整合了其特性，故现又称 MPEG-4 AAC，即 M4A。AAC 所采用的算法与 MP3 有所不同，AAC 通过结合其他的功能来提高编码效率，在压缩能力上远远超过了以前的一些压缩算法（如 MP3 等）。它还同时支持多达 48 个音轨、15 个低频音轨、更多种采样率和比特率、多种语言的兼容能力、更高的解码效率。因此，AAC 可以在比 MP3 文件缩小 30%的前提下提供更好的音质，被称为“21 世纪数据压缩方式”。

（六）APE 格式

APE 是流行的数字音乐无损压缩格式之一，因出现较早，在全世界特别是我国有着广泛的用户群。与 MP3 这类有损压缩格式不可逆转地删除人耳听力不敏感的数据以缩减源文件体积不同，APE 这种无损压缩格式，以更精炼的记录方式来缩减体积，还原后数据与源文件完全一致，保证了文件的完整性，被誉为“无损音频压缩格式”。APE 由软件 Monkey’s audio 压制得到，开发者为 Matthew T. Ashland，源代码开放。相较同类文件格式 FLAC，APE 有查错能力但不提供纠错功能，以保证文件的无损和纯正；其另一个特色是压缩率约为 55%，比 FLAC 高，体积大概为原 CD 的一半，便于存储。

（七）CD-DA 格式文件

CD-DA（CD-digital audio）文件是标准激光盘文件，其扩展名为“.cda”。这种格式文件数据量大、音质好，需要使用 CD 播放器进行播放。

除上述格式外，还有 AIFF、AU、RealAudio、VQF、OggVorbis、VOC、SND 等诸多格式，但使用范围较小，故不再赘述。

四、音频资源的获取

音频资源获取是音频制作中的关键环节和基础工作。根据不同的音频制作需求，我们需要准备相应的数字化音频素材，作为音频制作中加工、处理的对象。音频资源的获取一般包括现场录制、原有音频资源转录、计算机获取、互联网获取等方法。

（一）网络下载获取

在网络信息时代，通过网络下载音频文件是获取音频资源最便捷的方式。网络搜索引擎、各类专门论坛、主题网站、博客等网络平台都提供了无穷无尽的音频资源，同时多种多样的下载工具也应运而生。按照下载的技术特点，网络下载又可分为 WEB 下载（http 或 ftp 下载）、P2P 下载（借助 BT、迅雷、emule 等工具）等不同方式。

（二）原有音频资源转录和采集

如果身边有现成的音频资源，但是存储在录音带、迷你光碟（MD）等传统介质上，这时候就可以借助相应录放音设备的支持，将它们进行转录以便使用。转录的操作方法比较简单，不需要太多的专业知识就可以完成，传统的录音设备有录音磁带机、MD 机等。通常采用的方法是将播放设备（如磁带机）的输出线路连接口（line out）和录制设备的输入线路连接口（line in）用合适的数据线连接在一起，实现转录的目的。

而对于需要将上述录音带、MD 等传统音频资源转换为数字音频文件，以便在计算机上方便使用的情况，我们需要在正确连接输出、输入口的前提下，通过一块音频采集卡直接把外部的音频资源导入计算机。

对于音频数据光盘来说，可以直接利用多媒体计算机上的 CD-ROM 读取光盘并直接拷贝到计算机中，存储到计算机的指定位置即可，不再需要通过音频采集卡专门进行采集。对于 CD 素材中的音频信息，诸如 Media Player、GoldWave 等许多音频播放器或音频处理软件都支持 CD 导出音频文件功能，能将 CD 中的 CD-DA 格式文件转换为 WMA、MP3 等其他格式的数字音频文件。

（三）现场录制音频

利用话筒（MIC）、计算机等录音设备直接进行音频素材的直接现场录制，是获得数字音频资源的一种主要途径。

目前常用的数字录音技术是通过计算机中的数字音频接口，将来自话筒或其他设备的声音信号输入计算机，录制成数字波形文件进行存储，作为后期编辑、加工的素材。

录制数字音频的过程中，自然界的模拟声音信号被转换成计算机能够处理的数字信号。录音的品质除了与模/数（A/D）转换过程中的采样率、量化位数、编码等因素有关之外，在实际应用中还与录音所选择的软件、硬件有很大关系，应当根据音频素材的不同应用需要进行相应的选择。

也可以应用一些声音处理软件 GoldWave、Sound Forge、Cool Edit、Adobe Audition 新建一段波形文件再进行录音。

五、音频格式的转换

由于受到播放器支持、应用场合等限制，我们经常需要进行音频文件的格式转换，以获得符合教学要求的数字音频资源。许多软件都具有音频文件格式转换功能，如 GoldWave、千千静听、全能音频转换通（Audio Converter）、格式工厂等。诸如 Adobe Audition 等专业音频处理软件也可以通过打开文件再另存的方式实现文件格式的转换。

第二节　音频素材的加工处理

一、常用音频处理软件

目前市面上常用的音频处理软件有 GoldWave、Sound Forge、Cool Edit、Adobe Audition 等，用户可以根据自己的需求选择相应的软件进行音频的处理。

（一）GoldWave

GoldWave 是一个不需要安装的绿色软件，它集音频播放、录制、转换、编辑等为一体，可支持的音频格式繁多，包括 WAV、OGG、VOC、IFF、AIF、AFC、AU、SN、MP3、MAT、DWD、SMP、VOX、SDS、AVI、MOV 等格式，还可以从 CD、VCD、DVD 或其他视频文件中提取声音，内含多种音频处理特效，从一般特效如多普勒、回声、混响、降噪到高级的公式计算，功能丰富，操作方便。

（二）Sound Forge

Sound Forge 是 Sonic Foundry 公司的产品，它是一个专业的音频处理软件，功能强大而复杂，可以处理大量的音效转换工作，还包括全套的音频处理、工具和效果制作等功能，需要一定的专业知识才能使用。

（三）Cool EditPro

Cool EditPro 是美国 Syntrillium 公司于 1997 年发布的一款多轨音频编辑软件，并先后发布了 1.0、1.2、2000、2.0 等版本。Cool EditPro 功能强大，控制灵活，可实现录制、混合、编辑和控制数字音频文件等功能，也可轻松创建音乐、制作广播短片、修复录制缺陷等。该软件因其“业余软件的人性化”和“专业软件的功能”曾在欧美业余音乐音频界广为流行。

（四）Adobe Audition

2003 年，美国 Adobe 公司收购了 Syntrillium 公司的全部产品，将 Cool EditPro 的音频技术融入 Adobe 公司的 Premiere、After Effects、Encore DVD

等其他与影视相关的软件中重新制作，并被重命名为Adobe Audition。在保留 Cool Edit 绝大部分功能的基础上，它通过与 Adobe 其他软件系统的智能集成，在各方面功能上实现了全方位提升，成为目前最为流行的音频处理软件。

二、Adobe Audition 简介

Adobe Audition 软件的基本界面如图 5-3 所示，不同版本的软件界面可能略有差别。除了菜单栏、常用工具栏、状态栏等基本功能区以外，其编辑界面主要是由工作区（音轨区）和素材选择区（文档区）、显示区等几大部分组成，在素材区的选项卡里可以选择文件、效果、标记、属性等调板。

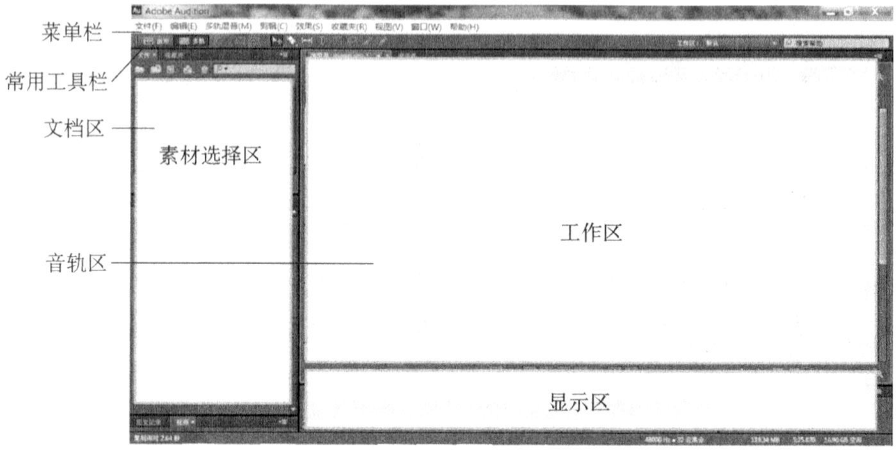

图 5-3　Adobe Audition 软件基本界面

Adobe Audition 软件功能的一大特色是其工作模式分为单轨(波形)编辑、多轨编辑、CD 编辑三种。单轨模式是专门为单个波形音频文件进行编辑设置的界面；多轨模式是对多个音频文件进行编辑，可以制作更具特效的音频文件；CD 模式下可以整理集合音频文件，并转化为 CD 音频。可通过在常用工具栏的“波形”和“多轨”按钮、“视图”菜单或者数字快捷键进行三种编辑模式的切换（单轨、多轨、CD），还可在多轨编辑界面双击轨道上的音频素材切换到该音频文件的波形编辑模式。波形编辑界面如图 5-4 所示。

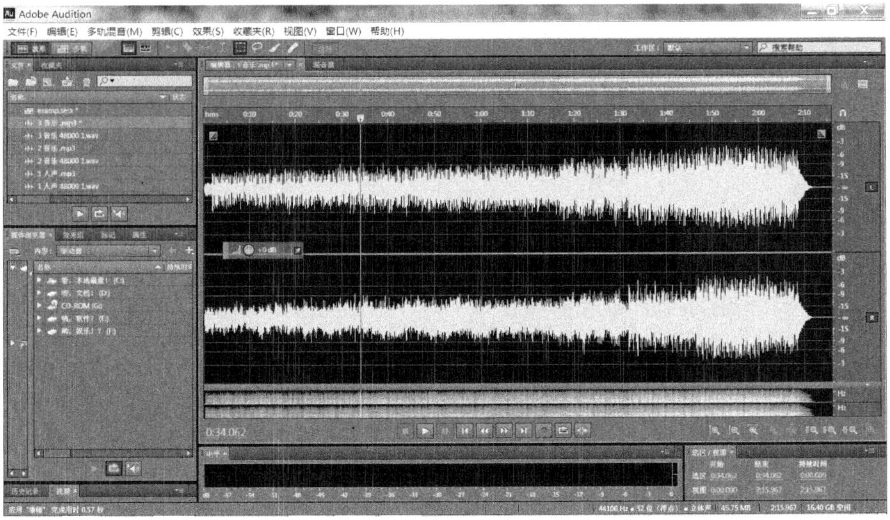

图 5-4 波形编辑界面

三、音频素材的常规操作

对音频文件，首先要学会一些简单的基础操作，才能进行复杂的编辑处理。本部分以 Adobe Audition 软件为例，简要介绍这些基本操作。

（一）录制音频

利用 Adobe Audition 这一专业音频处理软件很容易实现音频信号的录制，在波形编辑或多轨编辑两种模式下均可录制。

1. 波形编辑模式下录制音频

1）打开软件左上角，执行【文件】|【新建】|【音频文件】命令。如图 5-5 所示，在“新建音频文件”对话框中设置音频文件名称、音频采样率等，单击“确定”按钮。

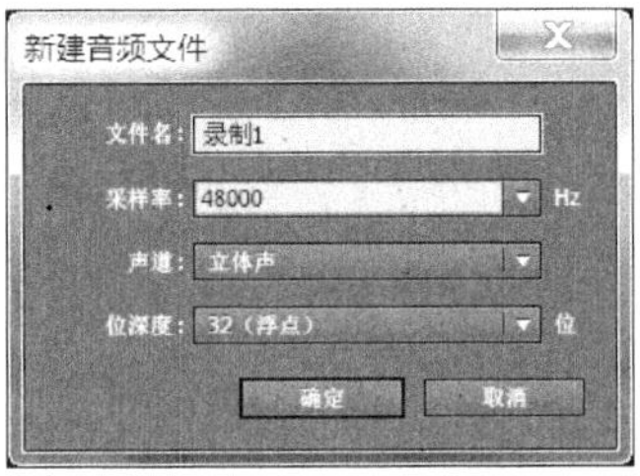

图 5-5 “新建音频文件”对话框

2）在录音话筒或其他音频来源（如网络上的音频）准备就绪的情况下，将当前时间指示器放置在想要开始录制的位置，单击波形编辑面板底部播放控制器上的红色录音按钮，即从播放指示器位置开始音频录制。

3）完成录音后，单击停止按钮，则完成该音频文件录制。在“文件”菜单下根据需要选择“保存”、“另存为”、“将选区保存为”或“全部保存”对音频文件进行保存。

2. 多轨编辑模式下录制音频

在多轨编辑器中，Adobe Audition 可自动将每个录制的剪辑直接保存为 WAV 文件。直接录制为文件可快速录制和保存多个剪辑，从而提供极大灵活性。

1）执行【文件】|【新建】|【多轨会话】命令，出现如图 5-6 所示的“新建多轨会话”对话框，设置会话名称、文件夹位置、采样率等。多轨会话文件是一种小型非音频文件。它仅存储有关硬盘驱动器上相关音频文件的位置信息、该会话中每个音频文件的持续时间、应用于各个轨道的包络和效果等方面的信息。

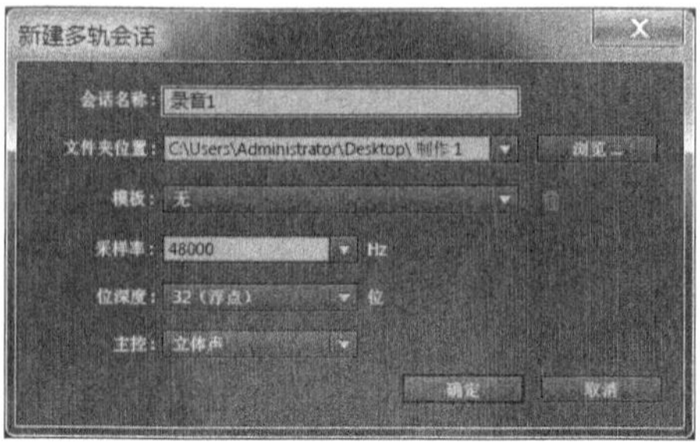

图 5-6　“新建多轨会话”对话框

2）在多轨编辑界面上选择任意一个轨道，在该轨道左边设置选项的 M（静音）、S（独奏）、R（录音）三种编辑状态中点选 R，使该轨道处于录音准备状态。在录音来源准备就绪的情况下，单击多轨编辑器底部播放控制器上的红色录音按钮，即从播放指示器位置开始音频录制（图 5-7）。

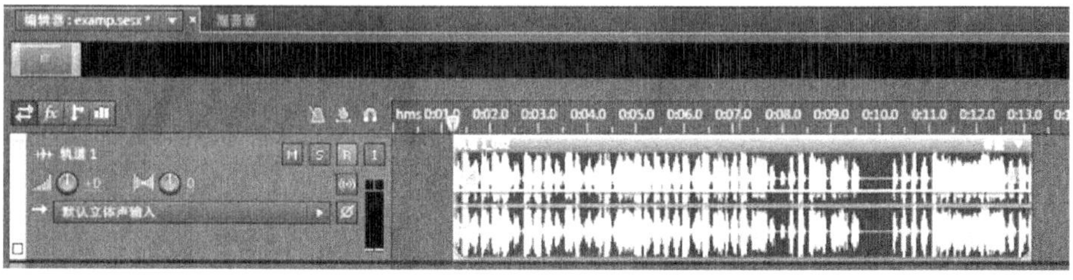

图 5-7　轨道音频录制

3）完成录音后，单击“停止”按钮，则完成该段音频的录制。录制好的音频既可以将其单独保存为一个会话文件，也可以把它作为该会话文件中的一个音频资源，在与其他音频资源完成混音合成后再通过【文件】|【导出】|【多轨混音】命令保存为音频文件。

需要说明的是，在录制网页音频等不是由话筒输入的声音时，应该进行相应的硬件配置，即在计算机【控制面板】|【硬件和声音】|【声音】|【录制】项下，鼠标右键点击“显示禁用设置”调出通常设为禁用的“立体声混音”并启用，才能正常录制。

（二）选择波形片段

对音频进行处理之前首先应选中要处理的音频信息。打开音频文件后，在波形编辑区域利用鼠标拖动即可选中需要选择部分的波形，被选定的波形以较亮的颜色显示，未选中波形则以较暗颜色底色显示（图 5-8）。

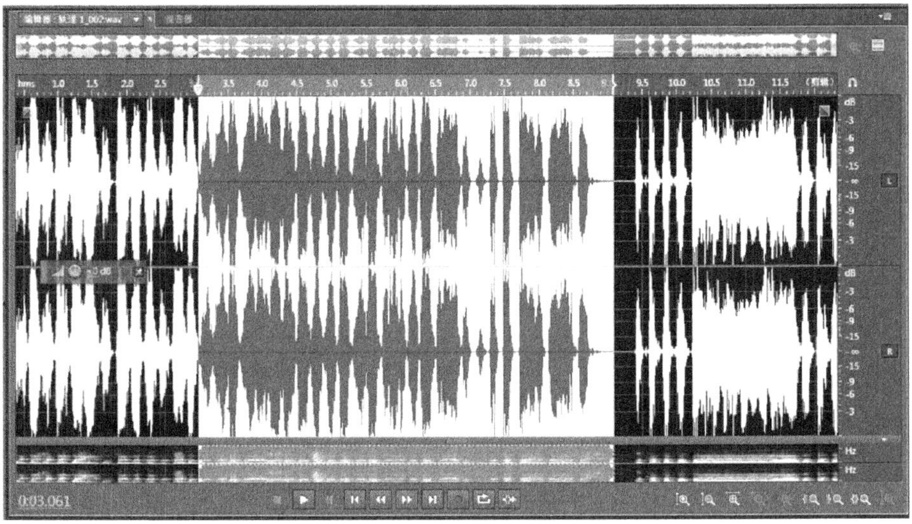

图 5-8　波形片段的选择

此外，还可以从【编辑】|【选择】菜单里对特定波形段落进行多种形式的选择。

（三）复制、粘贴、删除、剪切、静音波形段操作

选择了特定波形段后，即可通过“编辑”菜单对该段波形进行复制、粘

贴、删除、剪切、静音等操作。类似其他 Windows 应用程序，复制与粘贴是互相联系的操作。复制波形段后，可选择“粘贴”、“粘贴到新文件”（这一项可以截取一段声音）、“联合粘贴”（这一项可以添加背景音乐）等功能执行相应操作。其中，剪切不同于复制的地方就是剪切在复制选定波形段的同时，删除原来选定的波形段。对选定的波形段执行【编辑】|【插入静音】命令，该区域即变为无信号的静音状态，其不同于删除的是，所选编辑区域仍然存在，该操作通常用于去除语音或环境噪音等。

（四）声道编辑

在菜单【编辑】|【启用声道】选项中，或点选波形编辑器右端的“R”“L”按钮，可以进行左、右声道和双声道的选择或切换，无论是单声道还是双声道，都能对其进行有效的编辑。灵活运用单、双声道，可以做出特殊的音频效果处理。

四、音频素材的效果处理

如果想对一段音频素材进行更细致的处理，以上的简单功能是远远不够的。Adobe Audition 的“效果”菜单或素材区下方“效果组”选项中，提供了几十种常用音频效果的命令，大大方便了用户对音频作多样化的特效处理。下面对部分常用的效果工具进行介绍。

（一）降噪效果

现场录制的声音常常带有噪音，这时可以借助 Adobe Audition 的降噪功能进行处理。降噪效果可显著降低背景和宽频噪声，并且尽可能不会影响声音信号品质。此效果可以去除噪音组合，包括磁带嘶嘶声、麦克风背景噪声、电线嗡嗡声或波形中任何恒定的噪音。降噪大致有采样、滤波、噪音门等多种方法，对某个特定的音频来说，其噪音情况千差万别，需要根据情况反复尝试，找到最合适的降噪方式。其中效果较好的是采样降噪法，主要包括噪音采样、保存采样、降噪处理等工作，具体步骤如下。

1）噪音样本选取。在单轨编辑界面中，对需要进行降噪处理的音频文件进行放大显示，将噪音区内波形最平稳且最长的一段选中（一般为没有声音信号的间隔处），如图 5-9 所示。

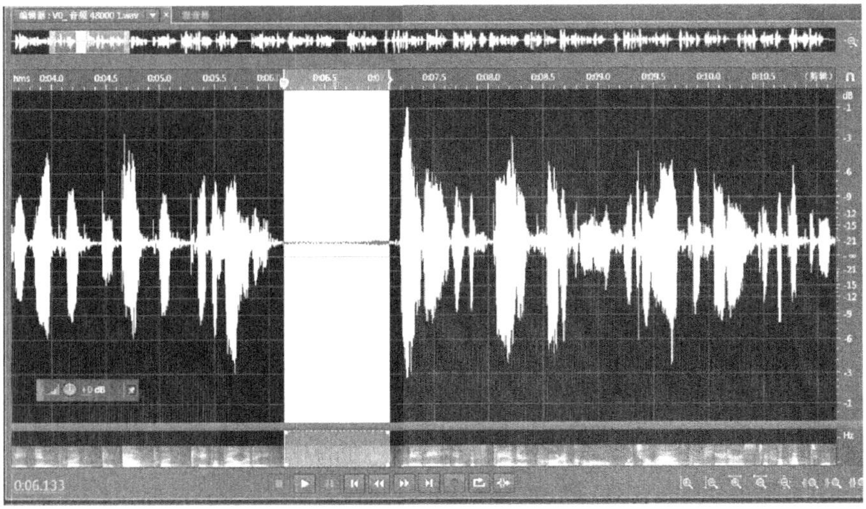

图 5-9 选取噪音样本

2）选择【效果】|【降噪/恢复】|【降噪（处理）】命令，出现“降噪”对话框。

3）点击“捕捉噪声样本”按钮，把采样的噪音捕捉保存下来。

4）点击“选择完整文件”按钮，准备对整个音频文件进行降噪处理；或者在“编辑器”面板中，选择要从中去除噪音的范围。

点击“应用”完成对音频文件的降噪处理。处理的效果可点左下角试听按钮进行试听，如果不满意再重新调整，如图 5-10 所示。

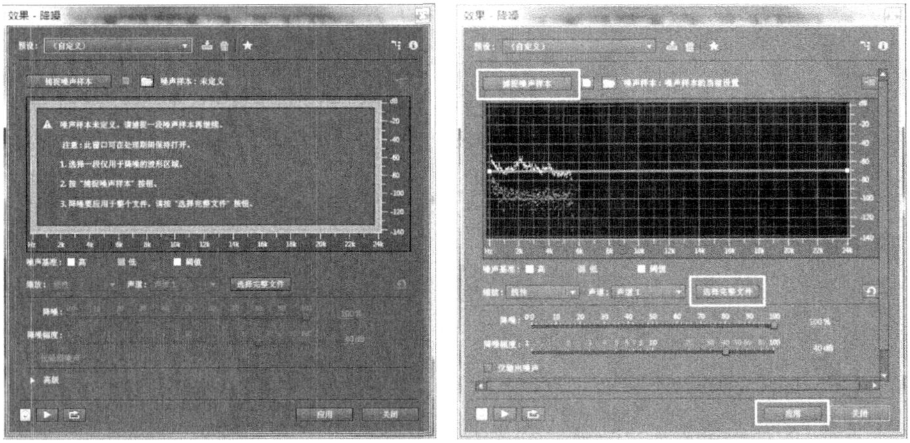

（a）取样　　（b）过滤噪音

图 5-10 降噪处理对话框

（二）混响效果（reverberation）

选择【效果】|【混响】菜单项，可以选择“卷积混响”“完全混响”“室内混响”“环绕声混响”“混响”等具体混响效果。以“混响”效果为例，可以在对话框中对衰减、延迟时间、扩散、感知、输出电平等选项进行细致的设定，并结合左下角试听按钮，进行反复调整，如图 5-11 所示。如果不熟悉上述选项，还可以直接在预设栏选择多种预设效果，实现特殊的音频空间感。

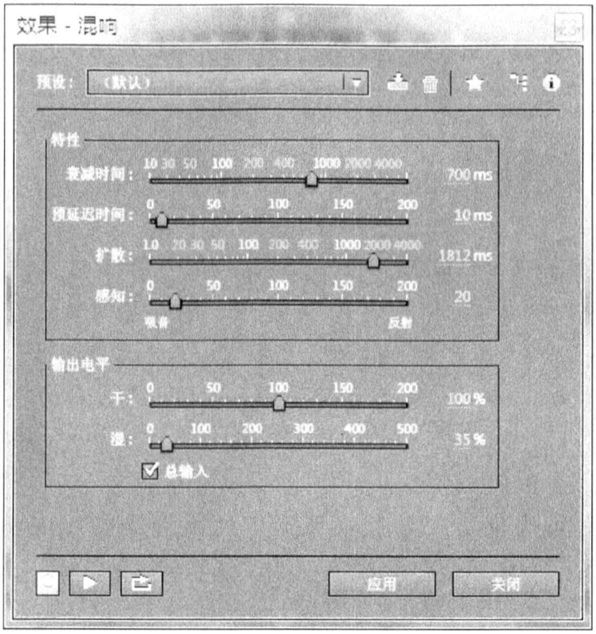

图 5-11 “混响”效果

（三）镶边效果（flange）

使用镶边效果能在原有音色的基本上给声音再加上一道独特的“边缘”，使其听上去更有趣、更具变化性。执行【效果】|【调制】|【镶边】命令，在设置界面可以对延迟时间、声相位、反馈、速率及镶边模式等进行设定，如图 5-12 所示。镶边的作用效果主要由延迟和频率两项参数决定，通过改变它们的取值就可以得到很多意想不到的奇特效果。如果要加强作用后的效果比例，则将混合音量增大即可。当然也可以直接在预设栏进行多种预设效果的自动设定。

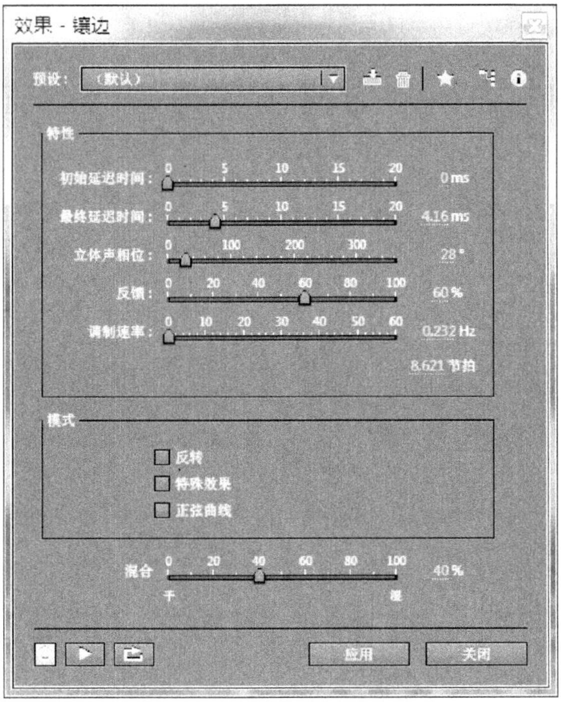

图 5-12 镶边效果

（四）淡入/淡出效果（fade in/fade out）

淡入/淡出是指声音从无到有或从有到无逐渐变化的过程，在 Adobe Audition 的多轨编辑模式下，选定所要添加淡入/淡出效果的音频片段，执行【剪辑】|【淡入/淡出】命令，就会在音频段头部/尾部出现标示淡入/淡出效果的曲线，按住旁边的正方形上下或左右调整，即可对音频加入不同程度、不同形式（直线型、对数型、指数型）的淡入/淡出，如图 5-13 所示。

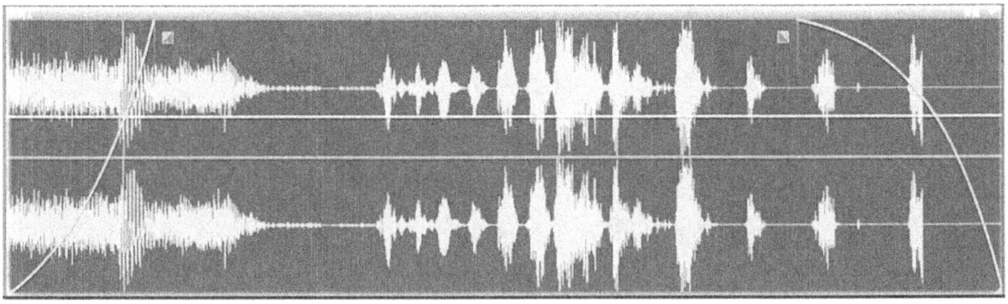

图 5-13 淡入/淡出效果

（五）音量控制

如果声音波形过小或是过大，Adobe Audition 软件也可实现方便的音量控制效果。在波形编辑模式下，打开【效果】|【振幅与压限】|【增幅】菜单，通过调整其增益值或选择预设值，达到合适的音量大小，如图 5-14（a）所示。还可以直接在波形界面中的振幅调整浮块圆形按钮上左右拖动来调整音量，如图 5-14（b）所示。

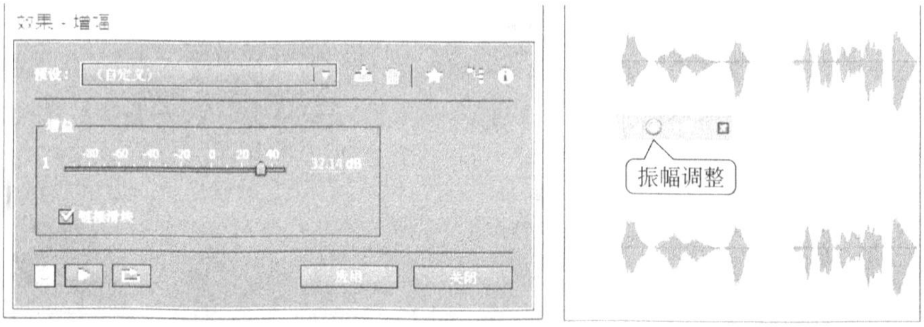

（a）“增幅”对话框　　（b）振幅调整

图 5-14　音频振幅调整

在多轨编辑模式下，直接在轨道左侧的波形音量调整钮上进行音量调整（图 5-15）。

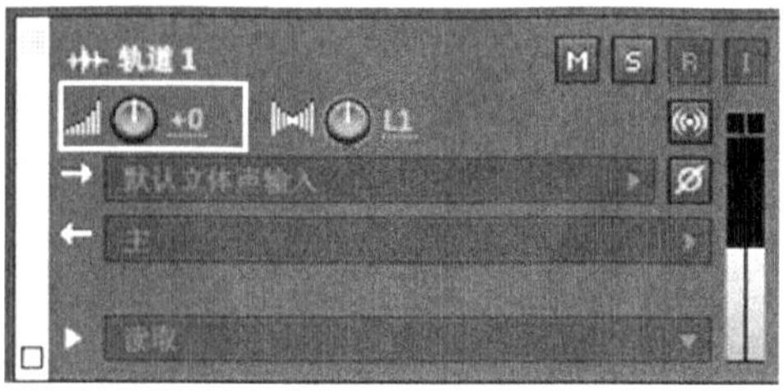

图 5-15　音量调整钮

以上“效果”菜单里的大部分功能，也可以直接在“效果组”选项框里添加，对每一段音频素材，可以同时添加多达 16 种效果。要注意的是，在多轨编辑模式下，效果组里的效果添加分为两种情况——剪辑效果和音轨效果。剪辑效果只针对特定音轨上的当前音频剪辑片段，而音轨效果则对所选工作音轨上的所有音频剪辑片段起作用。

另外，还可以通过添加外部效果插件的方式增加各种音频特殊效果。

五、音频缩混合成

音频的缩混合成也称混音，是将两个或两个以上声音文档合并成一个文档，从而实现对音频素材的创造性应用。人声演唱配上伴奏音乐、自然声配上背景音乐、配乐朗诵、广播剧等，都是混音处理的常见形式，基本操作步骤如下。

1）新建会话文件。在 Adobe Audition 软件执行【文件】|【新建】|【多轨会话】命令，或者打开会话文件即进行多轨编辑模式。多轨编辑器工作界面如图 5-16 所示。

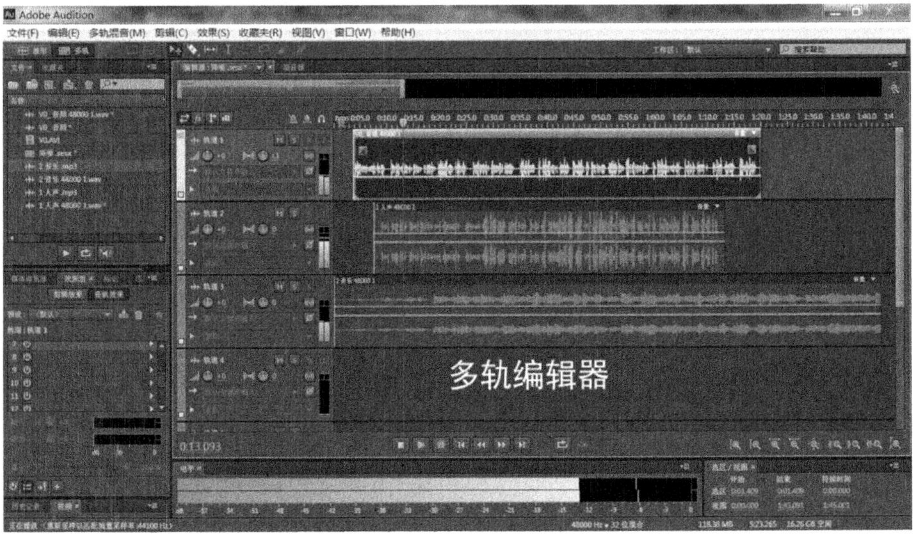

图 5-16　多轨编辑模式

2）调入音频素材。从素材区直接将多个音频素材分别拖放到多轨编辑器的不同音轨上。

3）处理音频素材。在每个音轨上对相应的音频分别进行位置、长短、音量及其他效果的处理，并反复进行试听和调整。

4）缩混合成音频。多轨音频分别完成编辑处理之后，执行【多轨混音】|【将会话混音为新文件】命令，多轨音频就被缩混为一个新文件，并在单轨波

形编辑界面自动打开。也可以执行【文件】|【导出】|【多轨混音】命令，选择“时间选区”、“整个会话”或“所选剪辑”，或者在编辑界面空白处鼠标右键点击“导出缩混”，在弹出的“导出多轨混音”对话框中按照需要设定好文件名、存储位置、文件格式、采样类型等各项参数，如图 5-17 所示，点击“确定”后，软件便自动开始进行多轨缩混，由多个音频素材缩混合成的新音频文件就做好了。

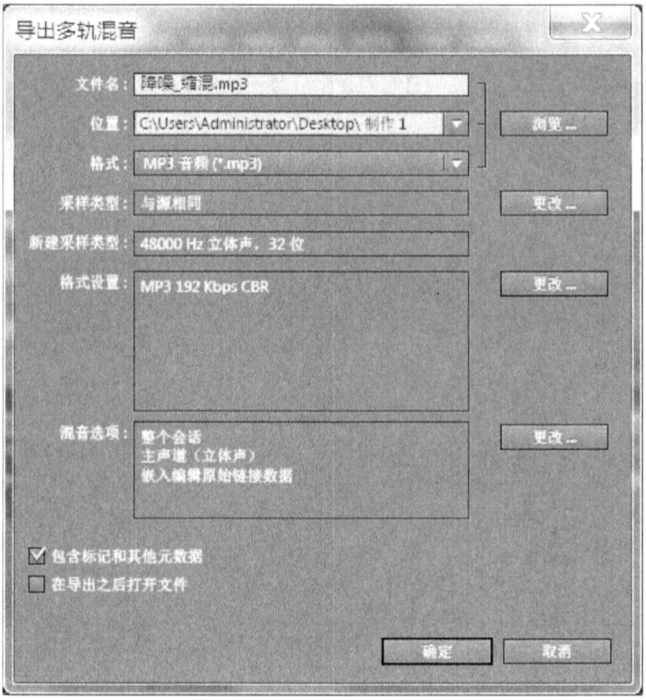

图 5-17　“导出多轨混音”对话框

作为一个专业音频处理软件，Adobe Audition 除了能完成音频的录制、基本和特效处理、混音合成等工作外，还有大量复杂的高级功能，需要使用者多练多用，不断积累，掌握其中诸多技术细节，才能达到熟练应用。

本章小结

声音的数字化包括采样、量化、编码三个基本阶段，涉及采样频率、量化位数、声道数等技术指标。

数字音频资源的获取方法包括网络下载、已有资源转录、现场直接录制、格式转换等基本方式。

常用音频处理软件有 GoldWave、Sound Forge、Adobe Audition 等。音频的基本处理包括对音频素材的波形常规处理、声道编辑、特效处理等操作。音频合成是音频素材加工处理的典型工作，可根据任务的复杂度选择合适的工具软件。

实训 利用多媒体计算机录制并处理音频资源

一、实训目的

1）掌握使用多媒体计算机进行录音的基本方法。

2）学会教学录音节目的制作方法。

3）学会对声音文件添加背景音乐。

二、实训环境

多媒体计算机；Windows XP/7/8/10 操作系统；Adobe Audition 软件；传声器（麦克风）。

三、实训步骤

（一）准备工作

首先将麦克风接口插入计算机主机的麦克风输入插口，在 Windows XP 系统下双击 Windows 任务栏右边的小喇叭图标，弹出“音量控制”对话框，执行【选项】|【属性】命令，在弹出的窗口中，选择“录音”选项，勾选“麦克风”选项，单击“确定”按钮。Windows 7 系统下右键单击小喇叭图标，在【声音】|【录音】选项中调出“麦克风”和“立体声混音”并启用。

熟悉 Adobe Audition 软件的菜单栏、工具栏及操作区域等界面，会通过不同方式进行单轨和多轨模式间的切换。

（二）录音并添加特效

1．录音操作

打开 Adobe Audition 软件，参考本章第二节第三部分中录制音频部分的操作步骤，选择单轨编辑模式或多轨编辑模式，完成一段三分钟左右的人声录制，声音形式不限，朗诵、歌唱、故事等均可。

2. 降噪并添加特效

参考本章第二节“音频素材的常规操作”和“音频素材的效果处理”相关操作步骤，根据音频用途和处理需要，对录制好的音频进行长度裁剪、降噪、音量调整、添加混响等编辑处理和调整。

3. 添加背景音乐（素材缩混合成处理）

在 Adobe Audition 多轨编辑模式下，对素材音轨进行细致调整，并反复试听合成效果，满意后缩混成新的 MP3 格式音频文件。

（三）保存文件

恰当地设置相关参数，将加工处理好的音频文件保存为 MP3 格式文件。

四、注意事项

在声音录制或采集时，声卡和麦克风的质量直接影响到所录制声音文件的质量。此外，采样位数与采样频率的决定也十分关键。

【拓展阅读】声道基本类型

声道（sound channel）是指声音在录制或播放时在不同空间位置采集或回放的相互独立的音频信号，所以声道数也就是声音录制时的音源数量或回放时相应的扬声器数量。除了单声道以外，还有立体声、四声环绕、5.1 声道、7.1 声道等类型。

1. 立体声（stereo）

单声道缺乏对声音的位置定位，而立体声技术则彻底改变了这一状况。声音在录制过程中被分配到两个独立的声道，从而达到了很好的声音定位效果。这种技术在音乐欣赏中显得尤为有用，听众可以清晰地分辨出各种乐器的方向，从而使音乐更富想象力，更加接近临场感受。立体声技术广泛运用于自 Sound Blaster Pro 以后的大量声卡，成为一个影响深远的音频标准。时至今日，立体声依然是许多产品遵循的技术标准。

2. 四声环绕

四声道环绕规定了 4 个发音点：前左、前右，后左、后右，听众则被包围在这中间。同时还建议增加一个低音音箱，以加强对低频信号的回放处理(这也就是如今4.1声道音箱系统广泛流行的原因)。就整体效果而言，四声道系统可以为听众带来来自多个不同方向的声音环绕，可以获得身临各种不同环境的听觉感受，给用户以全新的体验。如今四声道技术已经广泛融入于各类中高档声卡的设计中，成为未来发展的主流趋势。

3. 5.1 声道

5.1声道已广泛运用于各类传统影院和家庭影院中，一些比较知名的声音录制压缩格式，如杜比AC-3（Dolby Digital）、DTS等都是以5.1声音系统为技术蓝本的，其中“.1”声道是一个专门设计的超低音声道，这一声道可以产生频响范围20～120Hz的超低音。其实5.1声音系统来源于4.1环绕，不同之处在于它增加了一个中置单元，如图5-18所示。这个中置单元负责传送低于80Hz的声音信号，在欣赏影片时有利于加强人声，把对话集中在整个声场的中部，以增加整体效果。相信每一个真正体验过Dolby AC-3音效的朋友都会为5.1声道所折服。

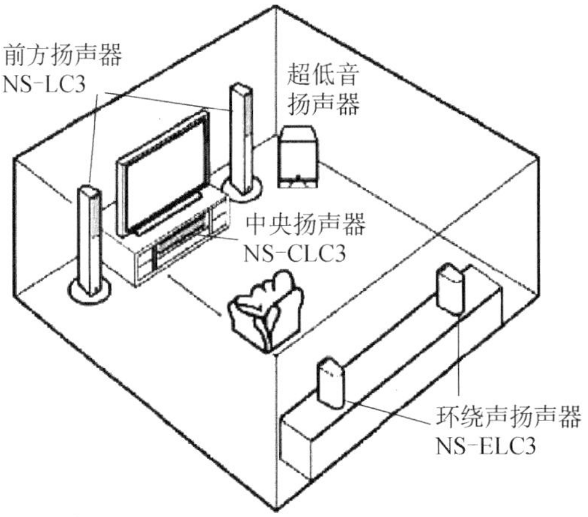

图5-18　5.1声道

4. 7.1 声道

7.1 声道系统的作用简单来说就是在听者的周围建立起一套前后声场相对平衡的声场，不同于 5.1 声道声场的是，它在原有的基础上增加了后中声场声道，同时它也不同于普通6.1声道声场，因为7.1声道有双路后中置，而这双路后中置的最大作用就是为了防止听者因为没有坐在皇帝位而在听觉上产生声场的偏差，如图 5-19 所示。

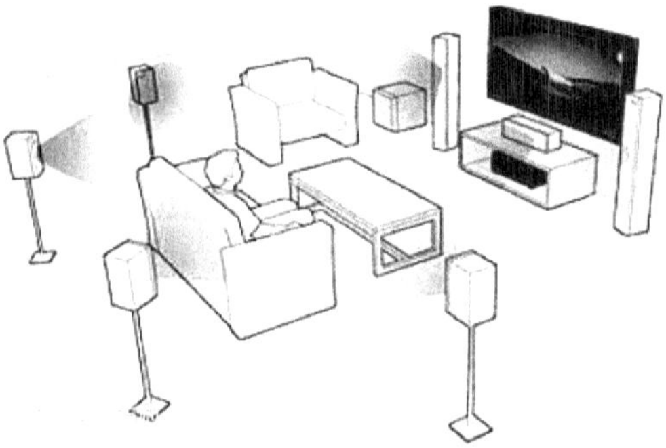

图 5-19　7.1 声道

第六章

视频资源

随着多媒体网络技术的发展，视频资源的采集、编辑和制作越来越多地被应用在多媒体教学课件和网络课程的制作中。本章主要学习有关视频媒体制作的基础理论、画面拍摄方法、和视频制作技巧，使教师能够根据教学需求对视频信息进行加工处理。

通过本章的学习，你能够学到以下几个知识点。

1）了解制作视频资源的基本理论。

2）掌握视频教学信息的获取、处理方法。

3）掌握数码摄像机获取教学视频资源的方法。

4）掌握会声会影编辑视频的基本方法和步骤。

第一节　视频资源的基础知识

在多媒体教学资源中，视频以其直观和生动的特点在教学中得到广泛的应用。视频与动画一样，也是由一幅幅以一定速率播放的帧序列组成的，从而使观察者获得连续的感觉。

一、视频的概念和分类

通常把快速连续地随着时间变化的一组图像称为视频，日常生活中看到的电影、电视、DVD、VCD等都属于视频的范畴。视频是活动的图像，正如像素是一幅数字图像的最小单元一样，一幅幅静止图像组成了视频，图像是视频的最小和最基本的单元。视频信号具有高分辨率、色彩逼真等特点，在人类生活中，有70%的信息来自视觉，其中活动图像是信息量最丰富、最直观的，视频信号的处理也是多媒体技术的核心之一，因此视频资源也成为现代教学中必不可少的资源之一。

视频信号可分为模拟视频信号和数字视频信号两大类。

模拟视频信号是指每一帧图像是实时获取的自然景物的真实图像信号。我们在日常生活中看到的电视、电影都属于模拟视频信号的范畴。模拟视频信号具有成本低和还原性好等优点，视频画面往往会给人一种身临其境的感觉。但它的最大缺点是不论被记录的图像信号有多好，经过长时间的存放之后，信号和画面的质量将大大地降低；或者经过多次复制之后，画面的失真就会很明显。

数字视频信号是基于数字技术，以及其他更为拓展的图像显示标准的视频信息，数字视频与模拟视频相比有以下特点：①数字视频可以不失真地进行无数次复制，而模拟视频信号每转录一次，就会有一次误差积累，产生信号失真；②模拟视频长时间存放后视频质量会降低，而数字视频便于长时间存放；③可以对数字视频进行非线性编辑，并可增加特技效果等；④数字视频数据量大，在存储与传输的过程中必须进行压缩编码。

随着数字视频应用范围不断发展，它的功效也越来越明显。本章主要阐述数字视频的获取和编辑方法。

二、常用视频文件格式

1. RealVideo

RealVideo 文件是 RealNetworks 公司开发的一种流式视频文件格式，包括 RA、RM、RAM、RMV 四种视频格式。它包含在 RealNetworks 公司所制定的音频视频压缩规范 RealMedia 中，主要用来在低速率的广域网上实时传输活动视频影像，可以根据网络数据不同的传输速率而采用不同的压缩比率，从而实现影像数据的实时传送和实时播放。RealVideo 开创了视频流技术的先河，可以在 56KMODEM 拨号上网的条件下实现连续的视频播放。

2. ASF 格式

ASF（advanced streaming format）是高级流格式。由 Microsoft 公司开发的一种实现在线实时观看视频节目的文件压缩格式。它使用了 MPEG4 的压缩算法，所以压缩率和图像的质量都不错。由于 ASF 是一种可以在网上即时观赏的视频“流”，所以它的图像质量比 VCD 差一点，但比同是视频“流”格式的 RAM 格式要好。

3. WMV 格式

WMV 是 Microsoft 公司推出的一种流媒体格式，它是由 ASF 格式升级延伸得来。在同等视频质量下，WMV 格式的文件非常小，更适合在网上播放和传输。

4. MOV 格式

MOV 是苹果公司创立的一种视频格式，开发之初，它只能在苹果公司的 MAC 机上运行，后来才支持 Windows 平台，它无论是在本地播放还是作为视频流格式在网上传播，都是一种优良的视频编码格式。

5. AVI 格式

AVI（Audio Video Interleave）是微软 Windows 3.1 时代发布的旧视频格

式，兼容性好、调用方便、图像质量好，但缺点是文件大，不适宜网上传播。但如果要对视频文件进行编辑处理的话，最好选用 AVI 格式储存。

6. MPEG 格式

MPEG 包括了 MPEG-1、MPEG-2 和 MPEG-4，适用于不同带宽和数字影像质量的要求。MPEG 具有很好的兼容性，它在制定之初就作为一个国际化的标准来研究制定。

MPEG-1 制定于 1992 年，可适用于不同带宽的设备，应用广泛，其传输速率为 1.5Mbps，每秒播放 30 帧，具有 CD 音质，图像质量基本与 VHS 录像带相当。它使用 MPEG-1 的压缩算法，可以把一部 120 分钟长的电影（视频文件）压缩到 1.2GB 左右大小，目前市面上 99%的 VCD 都是用 MPEG-1 格式压缩的。

MPEG-2 制定于 1994 年，提供的压缩比范围较广，能适应不同画面质量、存储容量及带宽的要求。MPEG-2 能提供的传输率是 3～10Mbps，在 NTSC 制式下的分辨率可达 720×486ppi，达到广播级的视像和 CD 级的音质标准。另外，它的音频编码可提供左右中及两个环绕声道，以及一个加重低音声道和七个伴音声道。由于 MPEG-2 在设计时的巧妙处理，大多数 MPEG-2 解码器也可播放 MPEG-1 格式的数据，如 VCD 等。使用 MPEG-2 的压缩算法可以把一部 120 分钟的电影（视频文件）压缩到 4～8GB 的大小，它的图像质量等指标远远超过了 MPEG-1。MPEG-2 主要应用于 DVD 的制作（压缩），是 DVD 的指定标准，同时在一些 HDTV（高清晰电视广播）和一些高要求视频编辑、处理等方面均有相当广泛的应用。

MPEG-4 是一种新的压缩算法，主要应用于交互 AV 及远程监控服务，如可视电话（video phone）、视频电子邮件（video e-mail）、和电子新闻（electronic news）等，其传输速率较低，在 4800～64000bps 之间，分辨率为 176×144ppi。MPEG-4 利用很窄的带宽，通过帧重建技术，压缩和传输数据，以最少的数据获得最佳的图像质量。为此，MPEG-4 的设计目标具有更广的适应性和可扩展性。使用这种算法的 ASF 格式可以把一部 120 分钟长的电影（视频文件）压缩到 300MB 左右的视频流，可供在线观看。

随着网络多媒体资源的日益丰富，越来越多的学生喜欢利用网络浏览视频、学习课程，相应地，多媒体技术的发展又推动了视频资源的新发展，也为视频资源开辟了广阔的市场。教师可将一些视频资源放到网络上供学生观看，也可制作成 VCD 或 DVD 在课堂播放，还可保存起来供重新编辑使用。那么在具体的使用过程中，就是要根据不同的用途，把各种不同格式的视频文件用相应的软件输出成既定的格式以供后期使用。不同用途的视频所需的保存方式、软硬件要求如表 6-1 所示。

表 6-1　不同用途输出软、硬件需求对照

用途	保存方式	输出格式	输出硬件要求	软件名称
发布到网络	网络流媒体	MOV、WMV、RM	计算机	Quick Time、Media Player、Real Player 等
VCD、DVD 在课堂使用	刻录成 VCD、DVD	MPEG-1、MPEG-2	计算机、刻录机、光盘	相应的刻录软件
进行二次编辑	输出回 DV	AVI	计算机、摄像机、磁带	视频编辑软件

第二节　使用数码摄像机获取视频

一、获取视频的常用方法

获取视频的常用方法有三种：第一种是通过摄像机拍摄，获取视频信号；第二种是通过搜索引擎搜索下载；第三种是从 DVD 或是蓝光光盘上转录已有的视频信号。本书主要介绍通过摄像机拍摄获取视频信号的方法。

二、拍摄前的准备

分镜脚本的制作是电影拍摄及动画制作的重要环节之一，在开拍之前，就应设计好要拍摄的画面，相当于摄影构图。依照故事剧情需要，想好要从什么角度拍、用什么手法拍，才能最好地表现出当幕的气氛和剧情张力。一个完整的分镜头要包括镜头编号、景别、技巧、画面内容对话（解说词、旁白）、音乐、音效和镜头长度。DV 分镜头脚本格式如表 6-2 所示。

表 6-2　DV 分镜头脚本格式

<table>
<tr><td colspan="2">学院班级</td><td colspan="4"></td></tr>
<tr><td colspan="2">拍摄主题</td><td colspan="4"></td></tr>
<tr><td colspan="6">小组成员</td></tr>
<tr><td colspan="2">组长</td><td colspan="2"></td><td>联系方式</td><td></td></tr>
<tr><td colspan="6">组内分工</td></tr>
<tr><td colspan="2">策划</td><td colspan="2"></td><td>编剧</td><td></td></tr>
<tr><td colspan="2">导演</td><td colspan="2"></td><td>演员</td><td></td></tr>
<tr><td colspan="2">摄影</td><td colspan="2"></td><td>摄影助理</td><td></td></tr>
<tr><td colspan="2">剪接</td><td colspan="2"></td><td>DV 特效</td><td></td></tr>
<tr><td colspan="2">后期制作</td><td colspan="2"></td><td>录音</td><td></td></tr>
<tr><td colspan="2">字幕</td><td colspan="2"></td><td>音乐</td><td></td></tr>
<tr><td>镜号</td><td>景别</td><td>技巧</td><td>画面内容</td><td>解说词</td><td>长度（秒）</td></tr>
<tr><td>1</td><td></td><td></td><td></td><td></td><td></td></tr>
<tr><td>2</td><td></td><td></td><td></td><td></td><td></td></tr>
<tr><td>3</td><td></td><td></td><td></td><td></td><td></td></tr>
<tr><td>4</td><td></td><td></td><td></td><td></td><td></td></tr>
<tr><td>5</td><td></td><td></td><td></td><td></td><td></td></tr>
<tr><td>6</td><td></td><td></td><td></td><td></td><td></td></tr>
<tr><td>7</td><td></td><td></td><td></td><td></td><td></td></tr>
<tr><td>8</td><td></td><td></td><td></td><td></td><td></td></tr>
<tr><td>9</td><td></td><td></td><td></td><td></td><td></td></tr>
<tr><td>10</td><td></td><td></td><td></td><td></td><td></td></tr>
<tr><td>11</td><td></td><td></td><td></td><td rowspan="2"></td><td rowspan="2"></td></tr>
<tr><td>……</td><td></td><td></td><td></td></tr>
</table>

注：镜号：每个镜头按顺序的编号
景别：一般分为全景、中景、近景
技巧：包括镜头的运用——推、拉、摇、移、跟等
画面内容：详细写出画面里场景的内容和变化，简单的构图等
解说词：按照分镜头画面的内容，写出与之相应的解说词
长度：每个镜头的拍摄时间，以秒为单位

三、数字摄像机的拍摄技巧

摄像技术是指利用摄像机及其造型手段表达艺术构思的技巧和能力。不同摄像水平的人使用同一台摄像机，拍摄的最终效果也是不同的。画面光线运用是否合理，色彩配置是否和谐，运动速度是否恰当，画面的构图是否完

整，画面形象的造型感是否完美，镜头是否具有较强的艺术表达力和艺术感染力，这些都是辨别摄像技巧高低的主要方面。

（一）拍摄的基本要领

1. 拍摄要做到平、准、稳、匀

（1）平——构图要水平

在构图时，首先应该找到地平线，与其保持平行，或者选择参照物，如可以将画面中的树与取景框横边比较等。为了使构图水平、拍摄稳定，可借助具有水平仪的三脚架上气泡校准画面的水平；用手持摄像机拍摄时，正确的持机姿势非常必要，如图 6-1 所示。通常情况下右手持机，双手大臂紧贴肋骨，左手辅助机身持平，形成三角稳定区。将右手扣带调节到适合自己的尺寸，以大拇指刚好可以触到摄录开关、食指可以自由调节变焦拉杆为准。

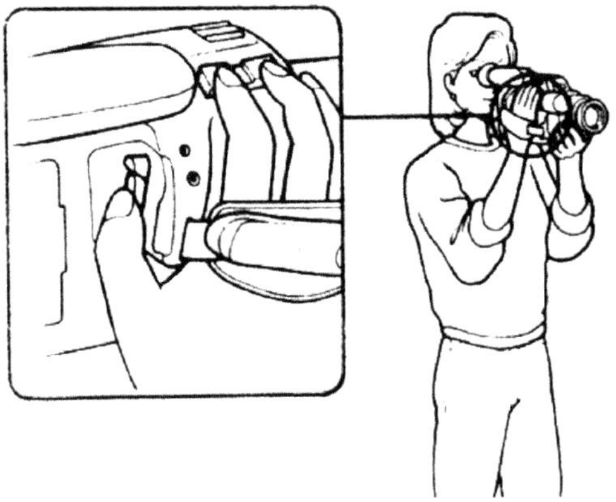

图 6-1 持机姿势

（2）准——拍摄要准确

拍摄对象、范围、起幅落幅、镜头运动、景深运用、焦点变化等都要准确。起幅是指镜头运动开始时静止的画面；落幅是指镜头运动结束时静止的画面，起幅、落幅画面要准确到位，时间够长。拍摄有一定景深的画面时，要采用小光圈、短焦距或远距离拍摄，画面的前景深一般小于后景深。利用推、拉镜头拍摄不同距离的景物时，焦点要“赶前不赶后”，提前校准被摄物的距离，而不是到达某一距离之后才校准焦点。在运动拍摄时，摄像机对运动中物体的跟踪要准确。

（3）稳——持机要稳定

保持画面的稳定，消除不必要的晃动，是摄像的最基本也是最重要的要求，而影响画面稳定的最主要因素来自拍摄者的持机稳定。除了掌握正确的持机方法外，还可以借助三脚架、轨道车或其他物体来保证摄像机的稳定；用广角镜头拍摄，可提高画面的稳定性。

（4）匀——摄速要均匀

在拍摄时，摄像机的运动有多种形式，推、拉、摇、移、跟等。任何一种运动方式都要求速度保持均匀，不能忽快忽慢、断断续续，要使画面节奏符合正常视觉规律。

2. 画面构图要领

摄像构图的规则和摄影图片的构图类似，也常用黄金分割法和“三分法”的构图原则进行构图，具体参加本书第四章第三节内容。画面构图还应该做到以下几点：①画面要简洁，避免杂乱的背景；②主体要突出；③立意要明确；④画面应具有表现力和造型美感；⑤画面运动应有依据。

（二）运动摄像

运动摄像是影视艺术所独有的造型手段，它通过机位、焦距和光轴的变化，在不中断拍摄的情况下，形成视点、场景空间、画面构图和表现对象的变化，不经过剪辑，在镜头内部形成多构图、多元素的组合。它不仅增强了画面动感，扩大了镜头视野，还影响着相应的速度和节奏，赋予画面独特的感情色彩。运动摄像按其运动方式的不同，可分为推镜头、拉镜头、摇镜头、移镜头、跟镜头、升降镜头和变焦距镜头等。

1. 推镜头

推镜头是被摄主体不动，摄像机沿直线由远及近向主体推进所拍摄下的连续画面。推镜头可以形成视觉前移的效果，被摄主体的主要部分在画幅中逐渐变大，次要部分逐渐变小，使呈现的主体从整体到局部。推镜头具有介绍重点、强化事物特征、展示巨大空间等作用。

2. 拉镜头

拉镜头与推镜头的运动方向相反，摄像机逐渐远离被摄主体所拍摄下的连续画面。拉镜头可以形成视觉后移效果，被摄主体周围环境由小变大，画面显示由局部到整体。拉镜头有利于表现主体事物在空间的位置和所处的周围环境，表现主体事物与周围事物的相互关系。

3. 摇镜头

摇镜头是摄像机的机位不动，改变摄像机镜头光轴方向所拍摄下的连续画面。摇镜头的形式多种多样，可以水平摇、垂直摇、环形摇、倾斜摇和摇速极快的甩镜头等。摇镜头犹如人们站着不动，只转动头部环顾四周或将视线由一点移向另一点去观察事物一样。摇镜头具有展示空间环境和位置关系、展示人与物的空间关系、介绍大面积的主体物等作用。

4. 移镜头

移镜头是摄像机移动而拍摄下的连续画面。由于摄像机横向移动使得画面框架始终处于运动中，画面内的物体无论处于运动状态还是静止状态，都会呈现出位置不断移动的态势。主要表现人与物、人与人、物与物之间的空间关系，或者将事物逐一连续展示。移镜头可以再现大场面的恢宏浩大，展现大空间的完整性，造成身临其境的参与感，用作行进中的人物的主观镜头。

5. 跟镜头

跟镜头是摄像机始终跟随着运动的主体物拍摄。它是推、拉、摇镜头的不固定组合，拍摄时，要求摄像机运动的速度与被摄对象的速度相一致，使运动的主体物在画框中处于一个相对稳定的位置上，而背景环境则始终处于变化中。跟镜头能连续、详尽地表现运动的事物，既可突出主体，又能说明主体的运动方向、速度、体态及其与环境的关系。

6. 升降镜头

摄像机借助升降机、摇臂、电梯等装置上下运动进行拍摄。它是一种特殊的运动摄像方式，可以把高、低处的环境或人物连续不断地呈现出来，展示更多的空间层次，画面造型效果极富冲击力，能够给人以新奇、独特的感受。

7. 变焦距镜头

摄像机机位不变，通过改变摄像机光学镜头的焦距而连续改变视角，从而获得连续变化的不同景别范围的画面。摄像机光学镜头变长焦具有推的效果，变广角具有拉的效果。

此外，摄像机在一个镜头中把推、拉、摇、移、跟、升降等各种运动摄像方式，不同程度地、有机地结合起来进行拍摄，能够更客观地、鲜活地表现一个场景中一段相对完整的情节，在复杂的空间场面和连贯紧凑的情节场景中显示出独特的艺术表现力。

四、数字摄像机的基本操作

数字摄像机也称数码摄像机（digital video），它的种类很多，分类方法也不同，按摄像机的性能分，可分为广播级摄像机、专业级摄像机和家用级摄像机。其中，广播级摄像机应用于广播电视领域，画质最好、性能稳定、功能完善，但这类摄像机体积大，重量重，价格昂贵，如 SONY 公司的 DVW 系列和松下公司的 DVCPRO50 系列等。专业级摄像机一般应用于文化、教育、医疗、工业生产等领域，其各项技术指标略逊于广播级摄像机，且体积较小、重量较轻、价格适中，如 SONY 公司的 ex280 系列，Panasonic 公司的 AG、AC 系列等。家用级摄像机适合于家庭使用，自动化程度高、结构简单、操作方便、价格低廉，其各项技术指标低于专业摄像机，如 SONY 公司的 HDR、FDR 系列，Panasonic 公司的 HC 系列等。

另外，近年来出现的高清级摄像机（HDV），能提供最高品质的图像，拍摄效果和画面质量可与电影胶片相媲美，现在多用于电影、电视广告、电视剧制作中。

本节以 SONY 公司 HDR-XR260E 机型[①]为例介绍摄像机的基本操作与使用方法（图 6-2）。

图 6-2 SONY HDR-XR260E 摄像机

① 本部分参考索尼 HDR-XR260E 使用说明书。

（一）录制动画

1）录制时，收紧腕带，打开液晶屏开关液晶屏即为开关摄像机，也可以通过按 POWER 按钮开关摄像机，按 MODE 按钮，使▣（动画）指示灯亮起，如图 6-3 所示。

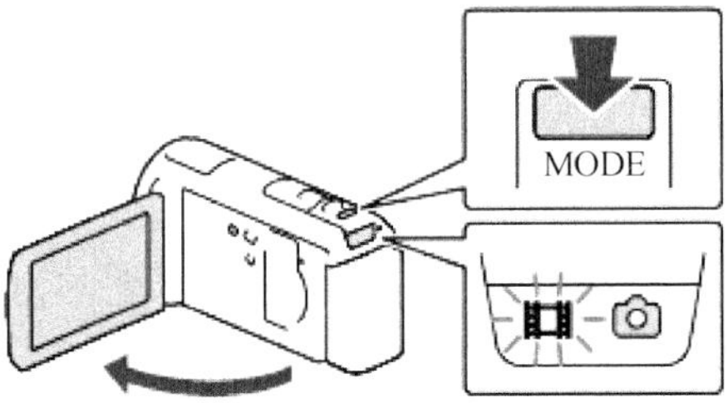

图 6-3　动画模式

2）按 START/STOP 按钮开始拍摄动画。若要停止拍摄，请再按一次 START/STOP 要在动画拍摄过程中拍摄照片时，请按 PHOTO 按钮（照片同时拍摄），如图 6-4 所示。

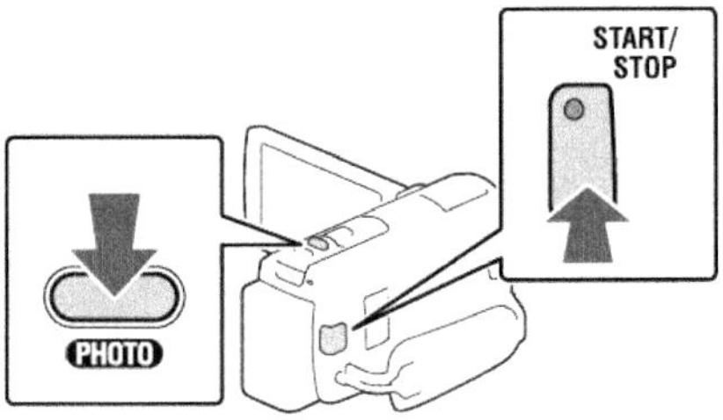

图 6-4　开始/停止拍摄

3）变焦。在拍摄过程中如果需要光学变焦，轻轻移动电动变焦控制杆可进行慢速变焦，较大幅度移动可进行快速变焦，如图 6-5 所示。

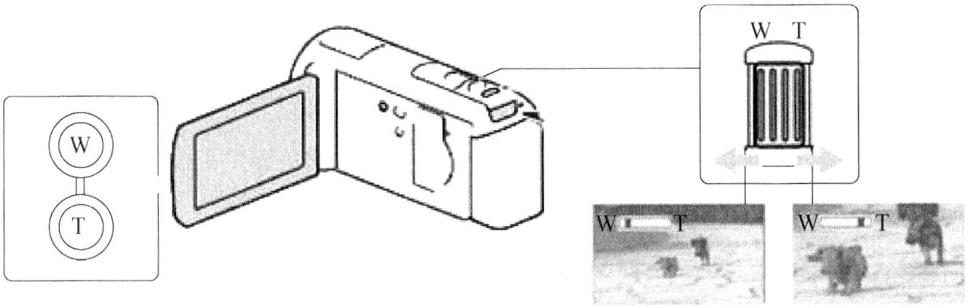

图 6-5　录制与变焦

W（wide）：宽屏 • 广角；T（telephoto）：长焦 • 望远

（二）拍摄照片

1）打开液晶屏，按 MODE 按钮，使（照片）指示灯亮起，如图 6-6 所示。

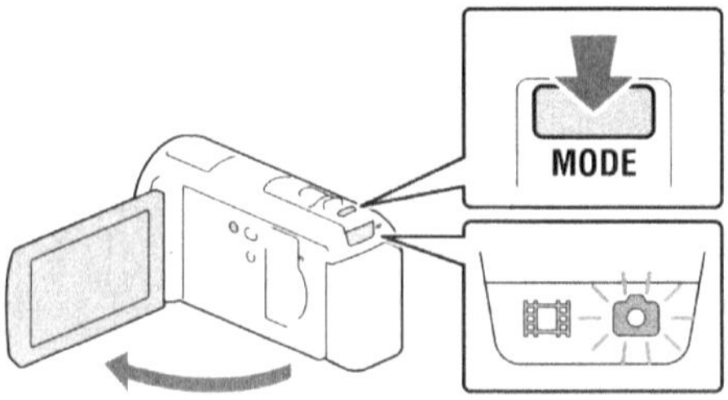

图 6-6 拍照模式

2）轻按 PHOTO 按钮调节对焦，然后完全按下。焦点对准后，AE/AF LOCK 指示灯亮起，如图 6-7 所示。

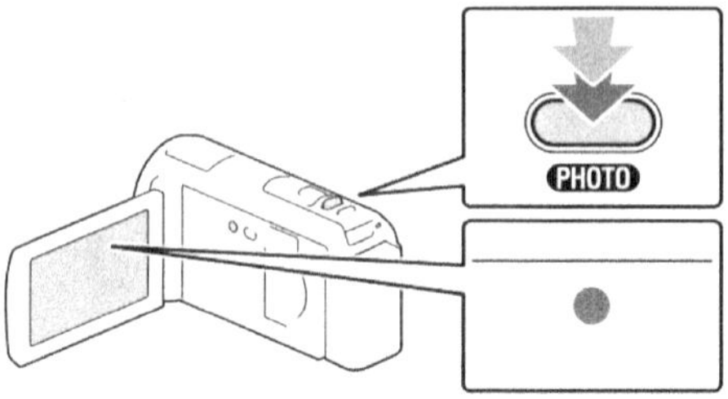

图 6-7 拍照按钮

3）在默认设定中，动画和照片都被录制到内置硬盘上。可以选择内部硬盘或存储卡作为摄像机的录制、播放或编辑媒体。通过 MENU |【设置】|【媒体设定】|【媒体选择】选择想采用的录制媒体。

（三）播放动画/照片

1）打开液晶屏，按（观看影像）设置为播放模式，也可操作液晶屏上的，如图 6-8 所示。

2）触碰◁/▷使想观看的事件显示在中央请按（1），选定事件请按（2）。该设备会根据日期和时间自动整理拍摄的图像并作为事件显示，如图 6-9 所示。

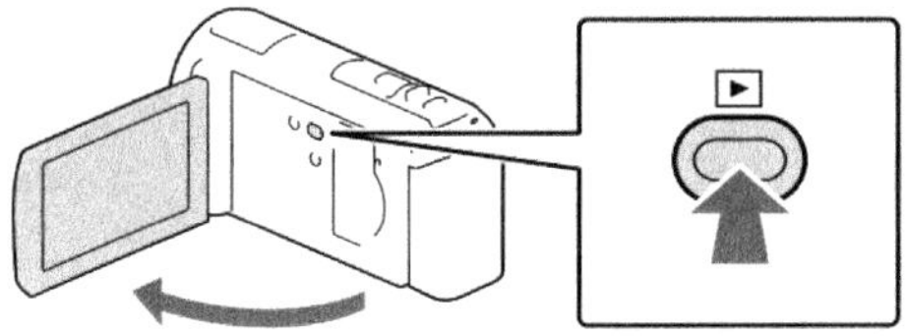

图 6-8 播放模式

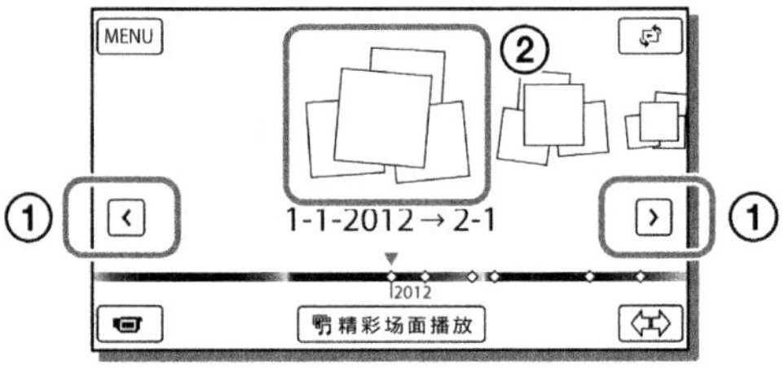

图 6-9 翻页按钮

3）选择图像播放所选图像，直到最后一个，如图 6-10 所示。

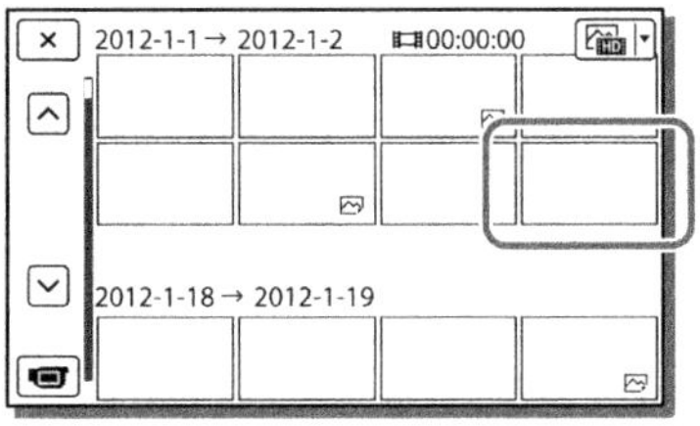

图 6-10 播放视频

（四）删除动画和照片

删除动画和照片，可以通过从录制媒体中删除动画和照片来释放媒体空间，如图 6-11 所示。

1）选择 MENU |【编辑/复制】|【删除】。

2）选择【多个影像】，选择要删除的图像种类。

3）在想要删除的图像上打✓（选择符号），并选择。

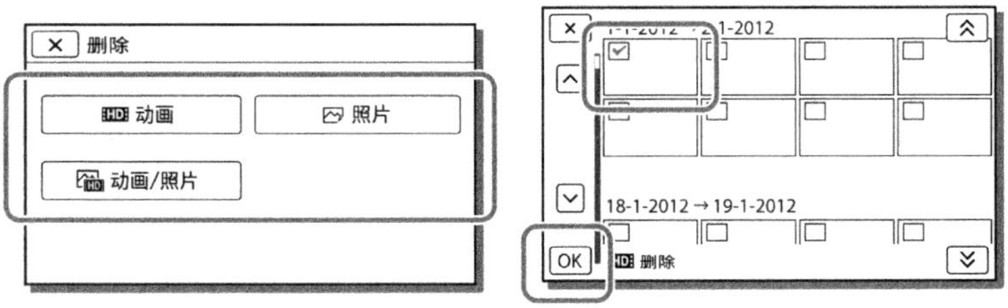

图 6-11 删除动画和照片

（五）将动画和照片导入电脑

先打开摄像机，使用USB连接线将摄像机连接至电脑，摄像机液晶显示屏上会出现USB选择画面，点击USB连接从内部硬盘导入动画和照片，如图6-12所示。

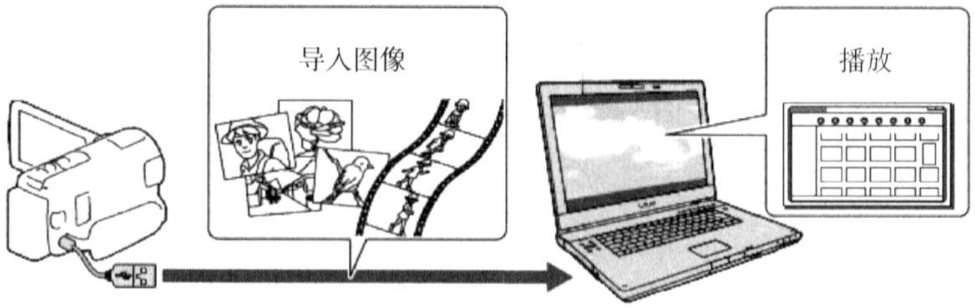

图6-12 连接电脑

第三节 视频资源的基本编辑

视频编辑实际就是画面语言的重构过程，具体是指根据分镜头稿本的要求，对已拍摄镜头进行取舍，确定镜头的时间长度，按照一定的逻辑顺序进行组接，以及进行画面与声音的组合等。

一、视频编辑基础知识

在影视创作中，根据影片的主题和情节的发展，将影片所要表现的内容分为若干个段落、场面、镜头，对其分别进行处理和拍摄，然后根据既定的创作构思，运用影视艺术技巧，将这些镜头、场面、段落合乎逻辑且富有节奏地重新组合，使之通过形象间相辅相成或相反相成的关系互相作用，产生连贯、对比、呼应、联想、悬念等效果，构成一个连续的、有机的艺术整体，即一部能完整地反映现实、表达思想、条理贯通、生动感人的影视作品。这种构成一部完整影视片的独特的表现方法称为蒙太奇（montage）。

与蒙太奇相联系的是蒙太奇的结构手段和叙述方式，具体是指分镜头、分场面、分段落的安排和组合的全部技巧。这是在影视编辑中被广泛使用的技巧和技法。

（一）镜头组接

镜头组接是影视艺术表现的重要阶段，是艺术上的再创造，它不是简单地将镜头组合在一起。镜头组接包括“衔接”和“转接”两个方面。“衔接”是镜头组接的总称，它是指单个镜头之间的连接，即在规定的场景内，将从不同角度、不同景别拍摄的镜头按照一定规律进行的连接。它要求镜头间的连接点平滑、流畅，在视觉上感觉不出明显的跳跃。“转接”是镜头衔接的一种特殊形式，它是指场景与场景间的镜头转换，主要作用就是制造效果，进行时空转换，创造新的时空关系和逻辑关系。

（二）镜头组接原则

镜头的组接要符合人们的生活习惯和认识规律，因此要遵循以下原则：①镜头的组接要合乎逻辑；②遵循镜头调度的轴线规律；③符合动接动、静接静原则；④景别、光线、色调的过渡要自然合理。

（三）镜头组接技巧

每部影片都由几百个镜头组成，这些镜头景别不同、拍摄的角度不同、场景也可能不同，要把这些镜头连接起来，除了通常用的切换外，还可以用多种多样的技巧组接，常用的有以下方法。

1. 淡出/淡入

淡出/淡入又称渐隐/渐显或化出/化入。淡出是画面由明晰渐渐隐去，变为全黑，淡入是画面从全黑中渐渐显现出来直至正常，它的作用是分隔时间空间，表达戏剧段落，进行比较、抽象或表示进展等。这一渐隐渐显的过程，画面可以是交替的，也可以是间隔一段时间的，因此分为 X 淡变、V 淡变和 U 淡变几种方式。

2. 划出/划入

划出/划入是以一条直线或一个圆周线为边界，从镜头画面的一边或一部分运动到另一边或另一部分。第二个画面就跟着这条直线或圆周线出现，直到前后两个镜头交替完毕。这种方法类似翻阅画册的动作，常用于科教影片中，也可在故事片中表现字幕。另外，“划”的技巧中还有帘子卷起或放下那样的帘出、帘入形式和以缩小或扩大圆圈来展现画面的圈出、圈入等形式。

它的作用是进行对比，表示时间、空间的变换或表示插入的一段叙述等。

3. 切出/切入

它是从前一个场景的画面立即转为后一个场景的画面，中间不需要任何技巧，而采用镜头直接转换，连接紧凑，往往用于环境描绘、人物对话、行动的衔接，具有干净利落、进展迅速的特点。

二、会声会影 Pro 应用技巧

许多软件都具有编辑视频文件的功能，这类程序一般被称为数字视频编辑器或简称为视频编辑器。能够编辑数字视频数据的软件也称为非线性编辑软件，数字视频编辑器的范围很广，从功能非常简单的软件到非常专业化的软件都有应用，如 Adobe 公司的 Premiere 软件、Ulead 公司的会声会影（Video Studio）软件等。视频编辑基本步骤是首先将素材导入计算机，然后用视频编辑软件将素材进行编辑，增加特殊效果、字幕等，最后配以音乐、解说，生成相应的文件格式，就可以输出成 VCD 或 DVD 了。

本节主要通过会声会影 Pro[①]软件的使用来介绍数字视频编辑的一般功能和设计处理方法。

（一）软件界面介绍

安装好会声会影 Pro 软件后，双击桌面上的图标或者从程序启动会声会影 Pro 软件进入界面，会声会影 Pro 有三个工作区：捕获、编辑和共享。这三个工作区恰好就是视频编辑过程中的关键步骤。软件默认打开的是编辑工作区。

1）捕获功能区。把视频、照片和音频素材等媒体素材直接录制或导入到计算机的硬盘驱动器中，由于在实际操作中，拍摄的视频都是以可移动磁盘的形式拷贝到电脑上，所以捕获工作区的功能不再赘述。

2）编辑工作区。打开 Corel 会声会影 Pro 的默认工作区，如图 6-13 所示。编辑工作区和时间轴是 Corel 会声会影 Pro 的核心，可以通过它们排列、编辑、修整视频素材并为其添加效果。

3）共享工作区。可以保存和共享已完成的影片。

因为“编辑”工作区是编辑视频的主要操作区，所以本书主要介绍编辑

① 本部分参考会声会影 Pro X9 操作说明书。

工作区的主要功能和操作。

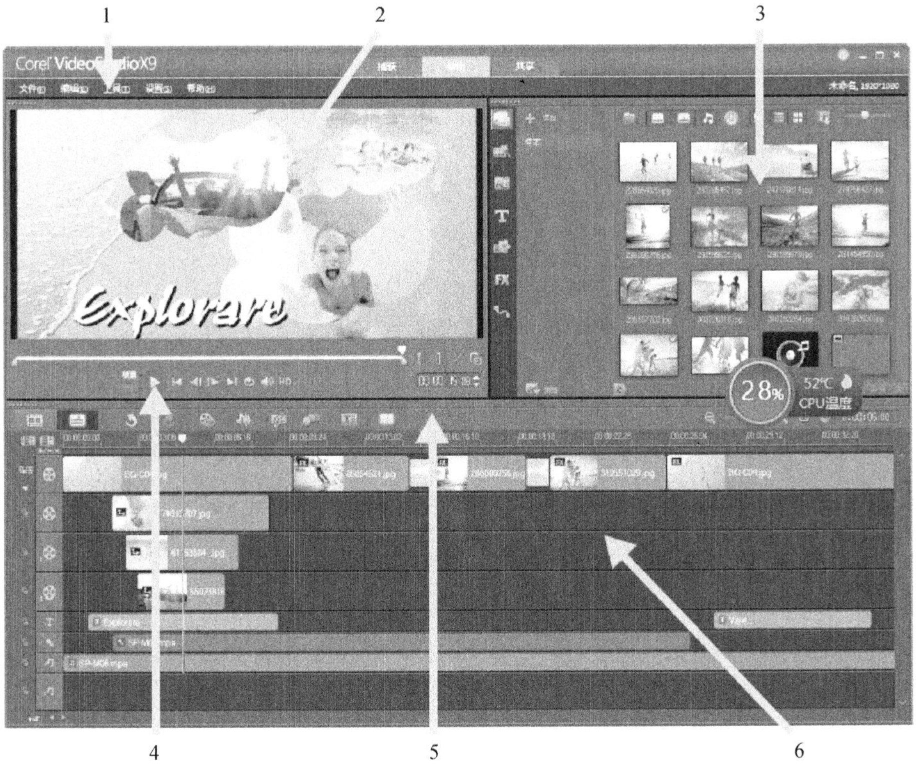

图 6-13　会声会影编辑工作区界面

注：图中数字与正文编码相对应

如图 6-13 所示，Corel 会声会影 Pro 由以下组件构成。

1）菜单栏：提供了用于自定义 Corel 会声会影、打开和保存影片项目、处理单个素材等的各种命令。

2）预览窗口：显示“播放器”面板中当前正在播放的视频。

3）素材库面板：存储影片创建所需的全部内容，包括视频样本、照片和音乐素材以及已导入素材。还包括模板、转场、标题、图形、滤镜和路径。选项区域在素材库面板中打开。

4）导览区域：提供用于在“播放器”面板中回放和精确修整素材的按钮。

5）工具栏：在与时间轴中内容相关的多种功能中进行选择。

6）时间轴面板：“时间轴”是组合视频项目中的媒体素材的位置。“时间轴”中有两种可用的视图类型：故事板视图和时间轴视图。

整理项目中的照片和视频素材最快和最简单的方法是使用“故事板视图”。故事板中的每个略图都代表一张照片、一个视频素材或一个转场。略图是按其在项目中的位置显示的，您可以拖动略图重新进行排列。每个素材的区间都显示在各略图的底部。此外，您可以在视频素材之间插入转场及在“预览窗口”修整所选的视频素材，如图 6-14 所示。

图 6-14　故事板视图

时间轴视图为影片项目中的元素提供最全面的显示。它按视频、覆叠、标题、声音和音乐将项目分成不同的轨，如图 6-15 所示。时间轴是使用最频繁的视图方式，所以要熟悉各个轨道的具体内容和含义。

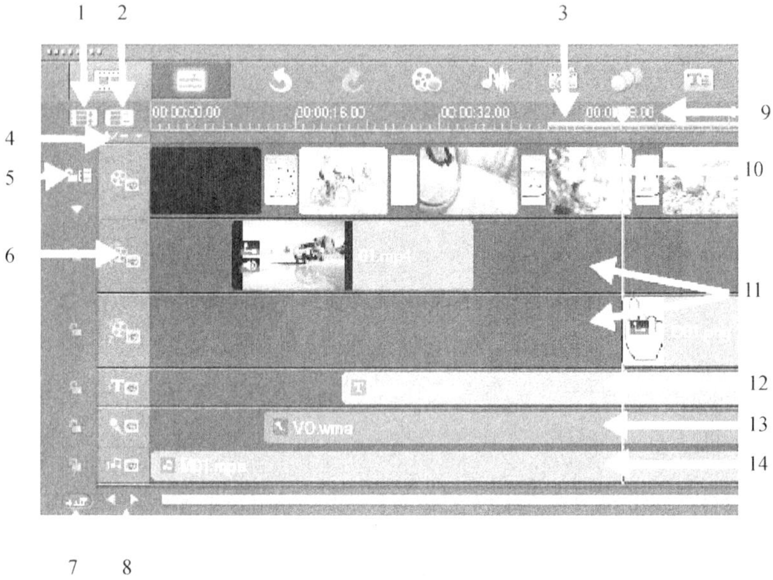

图 6-15　时间轴视图

注：图中数字与正文编码相对应

1）显示全部可视化轨道显示项目中的所有轨道。

2）轨道管理器可以管理时间轴中可见的轨道。

3）所选范围显示代表项目的修整或所选部分的色彩栏。

4）添加/删除章节或提示可以在影片中设置章节或提示点。

5）启用/禁用连续编辑如果启用，为轨道添加素材时，素材保持其相对位置。

6）轨按钮显示/隐藏单个轨。

7）自动滚动时间轴预览的素材超出当前视图时，启用或禁用时间轴的滚动。

8）滚动控制可以通过使用左和右按钮或拖动滚动栏在项目中移动。

9）时间轴标尺通过以“时：分：秒：帧”的形式显示项目的时间码增量，帮助您确定素材和项目长度。

10）视频轨包含视频、照片、图形和转场。

11）覆叠轨包含覆叠素材，可以是视频、照片、图形或色彩素材。

12）标题轨包含标题素材。

13）声音轨包含画外音素材。

14）音乐轨包含音频文件中的音乐素材。

如果要在“故事板视图”和“时间轴视图”之间切换，单击工具栏左侧的按钮。

（二）管理素材库

1. 素材库的使用

素材库是所有媒体的来源，包括视频素材、照片和音乐，还包括模板、转场、效果及项目中可以使用的多种其他媒体（图 6-16）。单击应用程序窗口顶部的“编辑”选项卡，打开“编辑”工作区，素材库面板出现在应用程序右上角。

2. 导入素材

比较好的操作习惯是素材分事件管理，不同的活动建立不同的文件夹管理素材。具体做法：①为项目创建文件夹，通过单击添加新文件夹

按钮，键入文件夹的名称。②在素材库顶部，单击导入媒体文件按钮，选择要使用的视频素材、照片、声音和其他媒体，并单击打开。③可以启用和禁用素材库顶部的按钮，按照视频、照片和音乐筛选略图。如果看不到所导入的媒体素材，请检查按钮是否亮起。

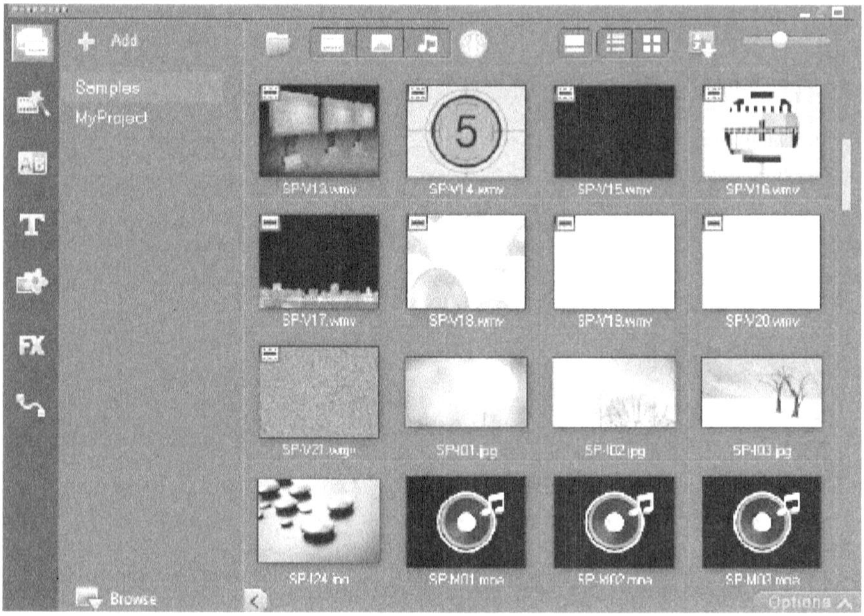

图 6-16 素材库

（三）会声会影的基本编辑技巧

视频素材、照片和音频素材是构建项目的基础；处理素材是需要掌握的最重要的技巧。编辑视频的方法很多，就常用的几个编辑技能介绍如下。

1. 添加视频素材

将视频素材插入到时间轴的方法如下。

1）在“素材库”中选择素材按住鼠标左键不放并拖放到“视频轨”或“覆叠轨”上。按住 shift 键可以选取多个素材。

2）右键单击素材库中的素材，然后选择“插入到：视频轨”或“插入到：覆叠轨”。

3）在 Windows 资源管理器中选择一个或多个视频文件，然后将它们拖放到“视频轨”或“覆叠轨”上。

4）要将素材从文件夹直接插入到“视频轨”或“覆叠轨”，右击时间轴，选择插入视频并找到要使用的视频。

2. 视频属性的修改

当在时间轴上插入视频后，就可以选中某一段视频，单击素材库面板中的选项，将显示两个选项卡——视频和属性，如图 6-17 所示。

图 6-17 视频属性的修改

其中“视频”选项卡各项的含义如下。

1）视频区间：以“时：分：秒：帧”的形式显示所选素材的区间。可以通过更改素材区间，修整所选素材。

2）素材音量：可用于调整视频中音频片段的音量。

3）静音：使视频中的音频片段不发出声音，但不将其删除。

4）淡入/淡出：逐渐增大/减小素材音量，以实现平滑转场。选择设置—参数选择—编辑可以设置淡入/淡出区间。

5）旋转：旋转视频素材。

6）色彩校正：调整视频素材的色调、饱和度、亮度、对比度和 gamma。

7）速度/时间流逝：调整素材的回放速度和应用“时间流逝”和“频闪”效果。

8）变速：按不同时间间隔调整素材的回放速度。

9）反转视频：从后向前播放视频。

10）分离音频：可用于分离视频文件中的音频，并将其放置在“声音轨”上。

11）按场景分割：根据拍摄日期和时间，或者视频内容的变化（即动作变化、镜头转换、亮度变化等），对捕获的 DV AVI 文件进行分割。

12）多重修整视频：从视频文件中选择并提取所需片段。

“属性”选项卡的主要功能是添加滤镜，本章第六节会详细讲解。

3. 视频的裁剪

会声会影可以方便地对素材进行精确到帧的分割和修整具体步骤如下。

1）在“故事板视图”或“时间轴视图”中选择想要分割的素材。

2）将滑轨拖到要分割素材的位置，也可以单击或可以更精确地设置剪辑点，如图 6-18 所示。

3）单击可以将素材分割成两部分。要删除这些素材之一，选中不需要的素材，然后按 delete 键。

图 6-18 视频素材的分割

4. 图片的添加和属性修改

将照片素材添加到“视频轨”的方式和添加视频素材的方式一样。开始向项目添加照片之前，请确定所有照片的大小。默认情况下，会声会影 Pro 会调整照片大小以保持照片的宽高比，如图 6-19 所示。右击时间轴中的照片，然后选择自动摇动和缩放，在图 6-20 所示的菜单中选择合适的效果，单击按钮可以设置摇动和缩放的参数。

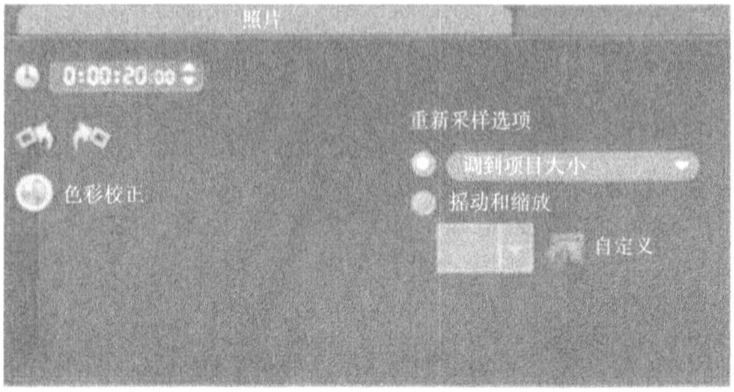

图 6-19 图片的属性修改

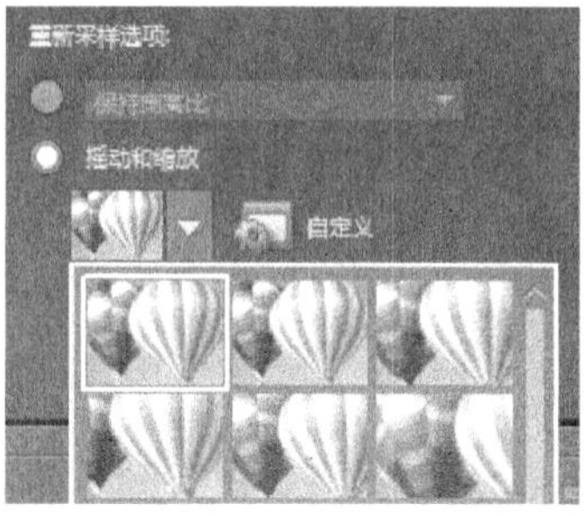

图 6-20 图片的摇动和缩放

5. 添加转场效果

在两个视频素材之间插入“转场”效果，方法如下。

1）在“编辑”工作区的界面中单击AB选项，并从中选择一项，则会在素材库中列出这一项的所有效果；

2）将时间切换到故事板视图，或将时间轴上的“当前位置”标记移到两个视频之间，在素材库中选中一项，按鼠标左键拖动到时间轴上的两个视频之间。

6. 添加视频滤镜

视频滤镜是利用数字技术处理图像，以获得类似电影或电视节目中的特殊效果。它可将特殊的效果添加到视频中，用以改变素材的样式或外观。例如，可以改善素材的色彩平衡、为素材添加动态的光照效果、使素材呈现出绘画效果等。具体做法如下。

1）单击“编辑”工作区的滤镜FX按钮，显示各种滤镜样本的略图。

2）选择时间轴中的素材，然后选择素材库显示的略图中的视频滤镜，如图 6-21 所示。

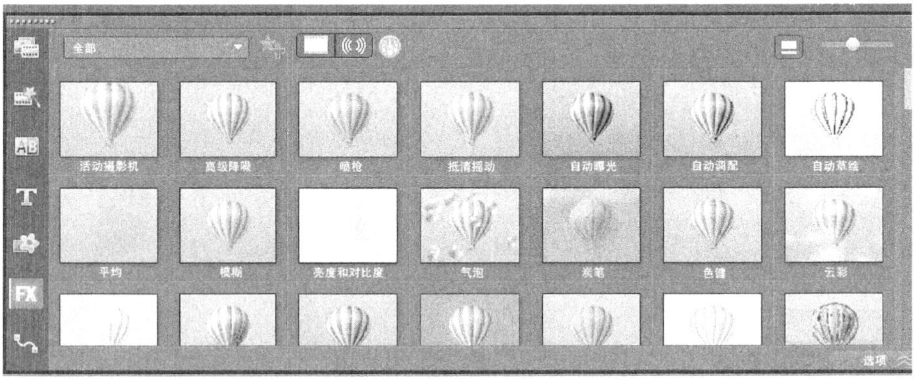

图 6-21　视频滤镜窗口

3）将该视频滤镜拖放到“视频轨”中的素材上。

添加视频滤镜后，滤镜效果会应用到素材的每一帧上。通过调整滤镜属性，可以控制起始帧到结束帧之间的滤镜强度、效果和速度。用户还可以将多个视频滤镜应用到一个视频素材，这时只需选取另一个视频滤镜，然后将它拖到所选的视频素材即可。

7. 将素材添加到覆叠轨

添加多个覆叠轨使您为影片带来更多创意可能。可在背景视频上叠放部分覆叠透明的素材，使用视频遮罩，或者向视频添加对象和边框，控制与背景混合的方式。

1）在素材库中，选取包含要添加到项目中的覆叠素材的媒体文件夹。

2）从素材库中将该媒体文件拖到时间轴上的覆叠轨中。

3）要自定义覆叠素材，单击属性选项卡。覆叠素材随后将调整为预设大小并放置在中央，如图 6-22 所示。在“预览窗口”中拖动覆叠素材上的拖柄以调整其大小，如图 6-23 所示。使用属性选项卡中的选项可以为覆叠素材应用方向/样式、添加滤镜、调整素材的大小和位置等。

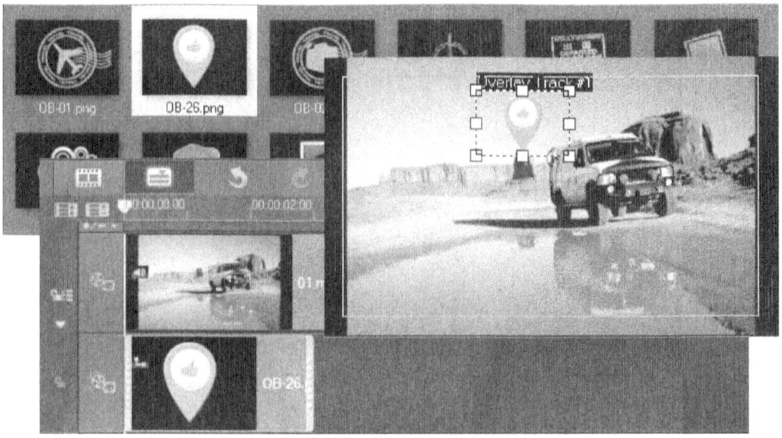

图 6-22　覆叠轨的使用

图 6-23　覆叠素材的调整

8. 添加字幕

当素材库中的标题类别处于活动状态时，可以添加标题。可以添加一个或多个简单标题，或者使用预设值添加动画标题，如影片结尾处的滚动鸣谢名单，也可以保存自定义预设值。添加字幕具体做法如下。

1）在素材库面板中单击标题 T。

2）双击预览窗口。

3）在选项区域的编辑选项卡中，选择多个标题。

4）将时间轴上的光标移到需加字幕的地方。在“选项面板”中选择字体的各种属性确定字幕的样式，也可在素材库中选取已有的样式，如图 6-24 所示。

5）双击“预览窗口”并键入文本。键入完成后，在文本框外单击。

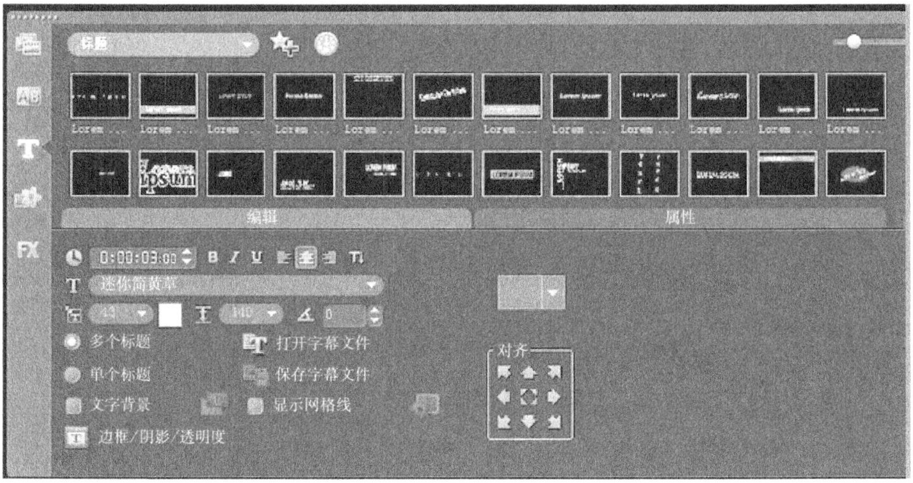

图 6-24　添加字幕

对于添加的字幕，还可以应用动画效果，做法如下。

1）在标题轨中，双击标题。

2）在选项区域，单击图 6-24 所示的属性选项卡。

3）启用动画选项并勾选应用复选框。

4）从选取动画类型下拉列表中选择类别，从应用下的框中选择特定的预设动画。

5）单击自定义动画属性按钮，打开用于指定动画属性的对话框。

6）对于一些动画效果，您可以拖动“播放器”面板“导览”区域中出现的暂停区间拖柄，以指定文字在进入屏幕之后和退出屏幕之前停留的时间长度。

9. 录制解说词

将音频文件导入“素材库”之后，可以将其从“素材库”拖动到时间轴中的声音轨，从而添加到项目中。也可以自己录制解说词，具体做法如下。

1）将滑轨移动到视频中要插入解说词的部分。

2）在时间轴视图中单击录制/捕获选项按钮并选择画外音。将显示调整音量对话框。

3）对话筒讲话，检查仪表是否有反应。可使用 Windows 混音器调整话筒的音量级别。

4）单击开始并开始对话筒讲话。

5）按下 esc 键或 space 键以结束录音。

6）录制解说词的最佳方法是录制 10～15 秒的解说词。这样更便于删除录制效果较差的解说词并重新进行录制。要删除解说词，只需在时间轴选取此素材并按下 delete 键。

10. 添加背景音乐

添加背景音乐的方法和添加视频方法一样，所有的音乐文件的截取都跟视频操作方法一样，在此不再赘述。

（四）影片输出

视频编辑完成后，就可以输出了，一般的输出主要是生成各种格式的视频文件或刻录光盘。

1. 保存成所需的视频文件

选择“共享”选项面板中的选项，如图 6-25 所示，选择合适的格式、文件名、路径进行保存。可以选择 MP4、MP4 HD、MPEG1、MPEG2、WMV 等格式保存。

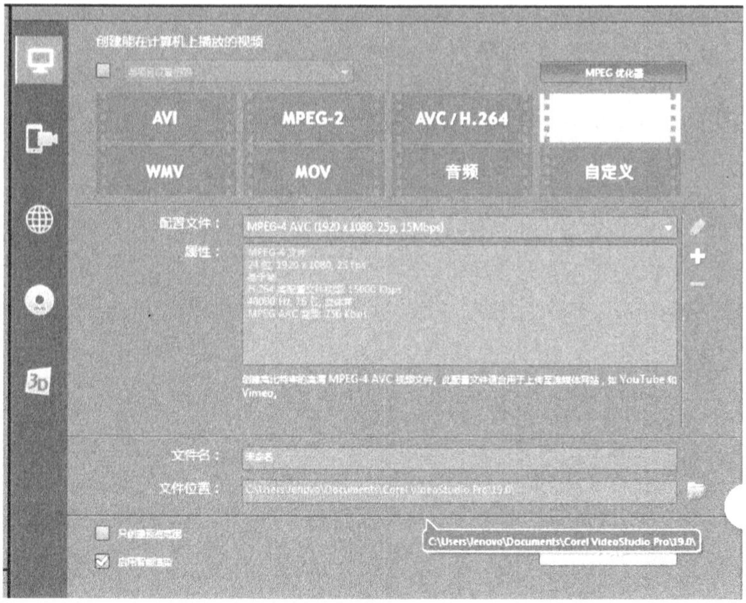

图 6-25　保存选项

2. 刻录成 DVD

选择图 6-25 中的选项可创建 DVD 光盘或 SD 卡。

本章小结

随着多媒体网络技术的发展，视频资源的采集、编辑和制作越来越多地被应用在多媒体教学课件和网络课程的制作中。

通常把快速、连续地随着时间变化的一组图像称为视频，视频信号可分为模拟视频信号和数字视频信号两大类。数字视频信号是基于数字技术及其他更为拓展的图像显示标准的视频信息，数字视频与模拟视频相比有着无可比拟的优点。

获取数字视频信号的方法常用的有三种：第一种是通过摄像机拍摄，获取视频信号；第二种是通过搜索引擎搜索下载；第三种是从 DVD 或是蓝光光盘上转录已有的视频信号。本书主要介绍通过摄像机拍摄获取视频信号的方法。

在拍摄视频之前，要进行周密的计划，撰写分镜头稿本，根据分镜头稿本进行实际的拍摄，后期再进行视频素材的编辑和输出。

实训 6-1　综合设计性实验：小组 DV 拍摄

一、实训目的

1）能以小组为单位，完成一定主题的 DV 短片拍摄。

2）掌握视频资源的基本技巧。

3）掌握影片输出的技巧。

二、实训环境

数码摄像机若干台（保证学生分组）；多媒体计算机；充电电池及配套的充电器；Windows 7/8/10 操作系统。

三、实训步骤

1）拍摄前准备：分成 6～8 人的小组，以小组为单位讨论完成拍摄规划：

主题、内容、拍摄地点等，并完成拍摄分工，填写拍摄计划表。

2）根据拍摄要求，开展具体拍摄。

3）根据拍摄主题，小组分工完成视频编辑与处理。

4）按小组在全班展示交流、点评，具体参考流程图 6-26 所示。

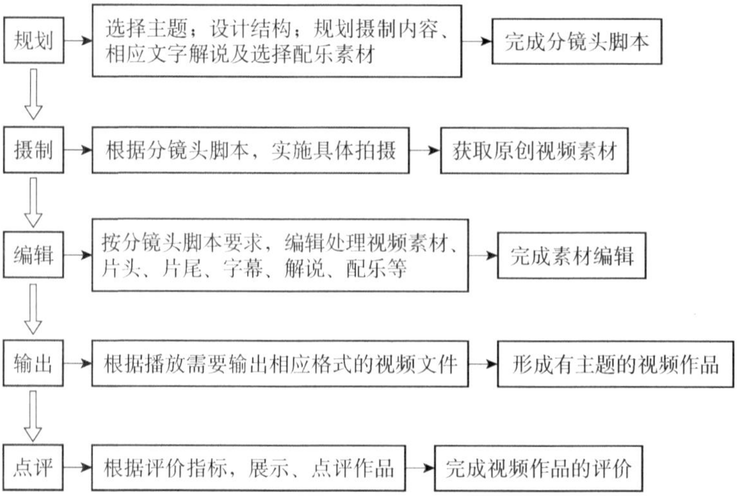

图 6-26　DV 拍摄综合设计性实验流程

实训 6-2　使用会声会影进行视频的编辑处理

一、实训目的

1）掌握使用多媒体计算机进行视频资源的采集。

2）学会使用会声会影软件进行视频资源的编辑和输出。

二、实训环境

多媒体计算机；Windows7/8/10 操作系统；会声会影 pro X9；麦克风。

三、实训步骤

（一）捕获视频素材

1）连接计算机。将计算机和摄像机用 USB 接口连接，打开摄像机的监视器，在屏幕上选择 USB 连接。

2）把拍摄到的视频素材和照片素材拷贝到计算机。

3）通过单击添加新文件夹 Add 按钮，创建一个文件夹，在素材库顶部，单击导入媒体文件按钮，选择要使用的视频素材、照片、声音和其他媒体，并单击打开。

（二）编辑视频

启动会声会影 Pro，在预览窗口下，会看到许多小图标，这就是被选择的影片片段，编辑视频的方法很多，在此简要作以下的编辑实训，以求举一反三。

1．添加视频或者照片

在素材库中选中视频或照片，按住鼠标左键拖动到视频轨上，根据个人需要可以通过鼠标左键拖动的方式调整顺序。也可以在视频轨或者覆叠轨上添加视频（或者照片），单击鼠标右键，在快捷菜单中选择“插入视频或者照片”，照片可以一次插入多张，插入后自动按顺序排好。或者是然后对视频或是照片根据需要进行以下操作。

1）视频长短调整：点击某段视频，光标移至其左右边线，可以调整视频的开始点和终止点。

2）视频的切割：在时间轴上将光标移到要分割的位置，单击“分割视频(剪刀按钮)”即可将视频素材从当前位置分割为两个视频。

3）视频的位置调整：可以对任何一段视频通过拖动的方式进行位置调整。

4）视频的属性设置：对任何一段视频可以对其声音的淡入淡出、消音（放音）、重放时间等属性根据需要进行调整。

5）设置照片区间：单击第一张照片，按住 shift 键，再单击最后一张照片，全部选中，在任意一张照片上，右键单击—更改照片区间，出现如图 6-27 所示的对话框上选择第三项，单击后发现闪动，在键盘上输入 04、05（默认的每张照片停留时间是 3 秒，时间太短，如果添加转场和滤镜后时间就会变得更短）或是更长。

图 6-27　更改照片区间

6）设置照片摇动和缩放：在时间轴中选中一张照片，单击选项按钮在选中合适的摇动和缩放格式即可。

2. 添加转场

添加视频或者照片后，为了增强视频效果，添加转场，体现每张照片或者视频出场效果。

1）统一添加转场：在插入照片或者视频前设置转场。执行【设置】|【参数选择】菜单命令，在出现的对话框中选择“编辑”选项卡里的“转场效果”下面的“自动添加转场效果”打钩（如果是逐一添加转场效果那就要把钩去掉），一般情况下选“随机”（随机效果多样），也可以单选一种（每张照片都是一样的转场），如图 6-28 所示。需要注意的是在一般情况下在设置视频转场时，都是用统一的交叉淡化效果，衔接自然，具有电影播放效果。

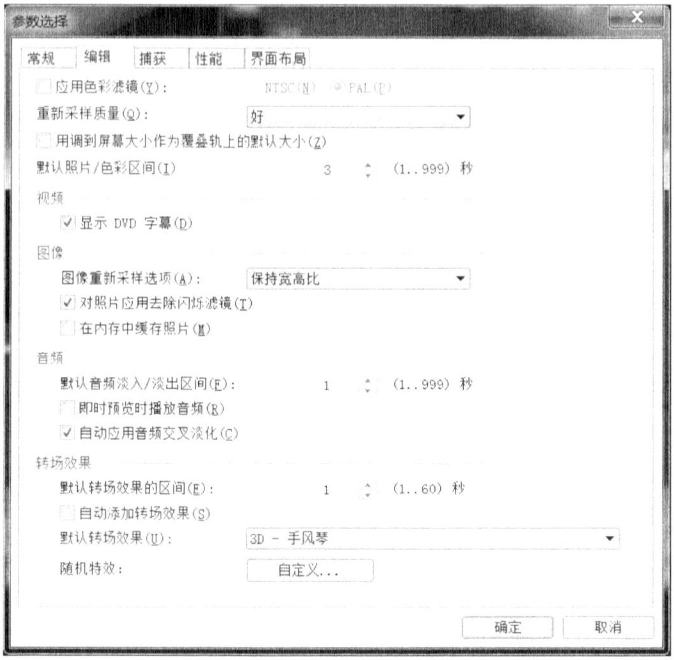

图 6-28　统一添加转场效果

在添加多种随机转场后，如果有的不喜欢，可以个别更换转场效果。点转场按钮，选择一种你喜欢的转场，鼠标左键拖拽到你要替换的照片转场上就可以了。

2）逐一添加转场：点击转场按钮，选择你喜欢的转场效果，一个个拖拽到每张照片上，就会显示出转场效果。

3. 添加滤镜效果

在视频轨或者覆叠轨上选择一段视频或照片，然后在“属性”工作区中选取一个视频滤镜，然后将它拖到所选的视频素材即可。如果不需要滤镜只需要单击删除即可。

4. 插入标题

点击标题按钮，在标题窗口中选一种标题效果，直接用鼠标左键拖拽到标题轨上，用鼠标左键单击选中标题，在视频窗口用双击鼠标左键，把标题改成自己要添加的文字，调整字号大小，字体，颜色，角度（可旋转）时间长短。

5. 插入音频

在素材库中选中导入的声音文件，按住鼠标左键拖动到视频轨上，也可以在音乐轨单击鼠标右键选择【插入音频】|【到音乐轨】，选择你需要的音乐文件打开即可。然后可以根据需要截取合适长度的声音文件，具体方法跟视频裁剪一样，在此不再赘述。

6. 添加覆叠轨

覆叠轨上也可以添加照片和视频，覆叠轨上的照片和视频是以视频轨上的图片做背景的。覆叠轨上的照片要比视频轨上的照片小，可以设置方向样式，即进入、退出方向动作，还可以给照片设置遮罩效果，以渲染视频效果。

在编辑视频时会出现一条覆叠轨不够用，需要添加多条覆叠轨的情况，方法是用鼠标右键单击覆叠轨 1，选择“轨道管理器”，出现一个轨道管理器窗口，如图 6-29 所示。打开覆叠轨后面的小三角，一共有 20 条轨道，根据需要进行设置，然后单击“确定”按钮。

图 6-29 轨道管理器

7. 选择片头模板

在“编辑”工作区单击即时项目选择“样本”就会出现开始、当中、结尾、完成、自定义几项。选择“开始”，右边窗口就会出现相对应的片头开始模板，选择你喜欢的一个拖拽到视频轨，这时视频轨还有覆叠轨都有东西，看到有一张或者多张带有数字的视频或是图片按 1、2、3、4…顺序出现的，依次选中某一段视频或是照片，单击鼠标右键在弹出的下拉菜单中选择【替换素材】|【视频】或【照片】选项，选择视频或照片替换掉模板中的素材即可，以此类推替换下去。一个片头就做好了。这里需要注意的是，文字要改，音乐不需要就删除。

片中、片尾、完成的模板使用方法跟片头一样，不再赘述。

（三）影片输出

视频编辑完成后，就可以输出了。点击“分享”选项面板上“创建视频文件”中的“自定义”选项，选择所需格式、输入文件名、选择保存路径进行保存。建议选择 MP4、MP4 HD、MPEG1、MPEG2、WMV 等格式保存。

【拓展阅读】影视语言——蒙太奇

1. 蒙太奇的含义

蒙太奇一词源于法语，原意为装配、安装，是建筑学上的一个名词，后来借用到电影中。早期电影艺术家把它作为一种电影的美学观念加以确立，一直沿用至今。长期以来，尽管人们对蒙太奇的解释多种多样，但无论如何大家都承认它是电影的最基本因素。蒙太奇作为画面组接技巧被电视继承和使用。

《大英百科全书》把蒙太奇解释为：“通过传达作品意图的最佳方式对整片进行的剪辑、剪接以及把曝光的影片组接起来的工作”。

《现代汉语词典》中解释为：“蒙太奇为电影用语，有剪辑和组合的意思。它是电影导演重要表现方法之一。为表现影片的主题思想，把许多镜头组织起来，使之构成一部前后连贯，首尾完整的电影”。

一般来说，影视制作的后期，将拍摄下来的许多镜头按照一定的要求，重新排列、组织、编辑在一起，形成类似写文章一样的段落和章节。实际上，蒙太奇有两个方面的含义：一方面它是镜头组接的技巧手段，这是最容易理解也是最引人入胜的；另一方面，它还是一种思维方式，存在于作品创作理念之中的，贯穿构思、选材、制作的全过程，是创作者把握创作风格和运用创作技巧的出发点。

2. 蒙太奇的类型

在影视创作中，创作者表达的内容通常有两大类：一类是为了讲述一件事情或描述一个动作，达到这种目的的镜头组接叫作叙事蒙太奇；另一类是为了表现某种特殊的感受，如情感、节奏、思想、概念等，通常叫作表现蒙太奇。

叙事蒙太奇有以下特点：①它是最简单意义的蒙太奇；②它是为了展示事件；③它是时间顺序或逻辑顺序的镜头组合。

通过变化拍摄角度和调整景别大小，用一个镜头完成一组镜头所担负的任务，是叙事蒙太奇的一种特殊形式，也称镜头内部蒙太奇。

表现蒙太奇的基本特征：根据事物之间内在的逻辑关系把不同的镜头组接在一起，表现出单个镜头所不具有的新的内容。

常见的有：平行蒙太奇、积累蒙太奇、对比蒙太奇、联想蒙太奇等。

3. 蒙太奇的作用

（1）蒙太奇的构成作用

若干个镜头，经过组接后，能表达一个完整的意思，并产生比单个镜头独立存在时更丰富的意义。

苏联电影艺术家库里肖夫在1920年作了一次很有意义的实验，他把以下五个镜头按照顺序连接起来放映：①一个男青年从左往右走来；②一个女青年从右往左走来；③他们相遇握手，男青年抬手指向前方；④一幢有宽阔台阶的白色建筑物；⑤两双脚走上台阶。

观众看完这五个镜头后都认为，男青年带着他的女友走向那座白色大厦。可实际上，几个镜头是在不同时间、相距很远的地方且没按照顺序拍摄的，而第四个镜头是从其他电影资料中剪下来的美国华盛顿白宫的镜头。这个实验证明，两个以上的独立镜头连接在一起，能够产生新的意义，形成能为观众接受、理解的影视语言。

再如，苏联电影导演普多夫金在上述成功实验的基础上，又做了一个经典的蒙太奇实验。他准备了三个镜头：①一个人在哈哈大笑（近景）；②还是这个人惊慌失措（近景）；③另一个人手持手枪指着（近景）；

普多夫金把上述镜头按下列顺序连接：哈哈大笑—手枪指着—惊慌失措。放映后给观众造成的印象是此人胆小、怯懦。同样的三个镜头，却按以下顺序连接：惊慌失措—手枪指着—哈哈大笑。放映后给观众造成的印象却是此人胆大、勇敢。

当上面三个镜头单独存在的时候，它们是互不关联的，只能说明个别的作用。可一旦把三个镜头按不同顺序连接在一起，就会产生新的含义，构成一个比较完整的艺术形象，也就是说，把三个镜头连接在一起，产生了组合之后的质的飞跃。

（2）创造时空的作用

在现实生活中，我们必须服从实在的时间和实在的空间法则。例如，我们要从家里走到大街上，就必须先走出家门，经过走廊，走下楼梯，走出大门，经过操场，然后才能走上大街。这里的时间和空间过程是一步都不能缺少的，否则就不可能实现目的。而在影视创作中，可以根据需要删掉一些不必要的中间过程，重新组合屏幕时间和空间。前面提到的从家里走到大街上，可以先用一个镜头表现走出家门，下一个镜头表现经过操场走上大街，因此，只用两个镜头就把这一过程完成了，其他过程都被删掉了。但观众在观看的时候，并不会难以理解或看不明白，相反观众会把那些被删掉的实在的时间和空间过程联想补充起来。也就是说，经过蒙太奇手法的剪辑后，出现的影视时空已不是实在的了，构成了屏幕上所谓的影视时间和影视空间。

（3）声画结合作用

声音和画面的结合，可以用声画同步、声画分离、声画对比的形式处理，它们之间的有机结合，相互作用构成了特殊的声画结合形象，产生新的含义，从而更深刻、更生动、更全面地揭示和刻画艺术形象。

第七章

多媒体课件集成

本章主要阐述目前常用的PowerPoint多媒体课件制作平台的基本操作技能，旨在能够在教学中熟练掌握该平台的使用和操作，促进和优化课堂教学。

通过本章的学习，你能够学到以下几个知识点。

1）了解常用的多媒体课件集成工具。

2）熟练掌握PowerPoint的基本应用和多媒体课件的制作技能。

3）能对多媒体课件进行优化和压缩处理。

第一节 多媒体课件集成工具介绍

多媒体课件的制作工具有很多，常用的多媒体课件集成工具软件有以页式或卡片为基础的工具软件有 PowerPoint（PPT）和 ToolBook 等；以图标为基础的工具软件有 Authorware 和方正奥思等；以时间为基础的工具软件有 Director 和 Action 等；以网页为基础的工具软件有 Frontpage 和 Dreamweaver 等。借助这些软件，制作者可以简单直观地编制程序、调度各种媒体信息、设计用户界面等，从而摆脱烦琐的底层设计工作，将注意力集中于课件的创意和设计。下面就介绍其中几种适用于制作多媒体课件的工具软件。

一、常用多媒体课件集成工具

（一）Microsoft PowerPoint

这是一种专用于制作演示用的多媒体投影片/幻灯片的工具（国外称之为多媒体简报制作工具），它以页为单位制作演示文稿，然后将制作好的页集成起来，形成一个完整课件。利用 PowerPoint，可以非常方便地制作各种文字，绘制图形，加入图像、声音、动画、视频影像等各种媒体信息，并根据需要设计各种演示效果。上课时，教师只需轻点鼠标，就可播放出制作好的一幅幅精美的文字和画面（也可按事先安排好的时间自动连续播放）。

（二）ToolBook

ToolBook 是美国 Asymetrix 公司推出的一种面向对象的多媒体开发工具，用 ToolBook 制作多媒体课件的过程就像写一本书。首先建立一本书的整体框架，然后把页加入书中，再把文字、图像、按钮等对象放入页中，最后使用系统提供的程序设计语言 OpenScript 编写脚本，确定各种对象在课件中的作用。播放过程中，当以某种方式触发对象时，则按该对象的脚本执行相应的操作。这种“电子书”尽管制作稍显复杂，但表现力强、交互性好，制作的节目具有很大的弹性和灵活性，适用于创作功能丰富的多媒体课件和多媒体读物。

（三）Authorware

Authorware 是一种基于流程图的可视化多媒体开发工具，它最基本的概念是图标（icon），其编辑制作过程是用系统提供的图标先建立应用程序的流程图，然后通过选中图标，打开相应的对话框、提示窗及系统提供的图形、文字、动画等编辑器，逐个编辑图标，添加教学内容。整个制作过程以流程图为基本依据，非常直观，且具有较强的整体感，教师通过流程图可以直接掌握和控制系统的整体结构。

（四）Storyline

2012 年 5 月 2 日，Articulate 公司推出新一代课件制作工具 Storyline，该开发平台聚合了 Authware 的图标流程思路、PPT 的触发器互动、Flash 的图层事件交互和多种发布等特点，特别是发布可以在平板电脑或手机上正常运行。此外，测试与拖动类互动也可以方便完成。是移动终端上开发多媒体课件较为方便上手的首选平台。

（五）Flash

Macromedia 公司的 Flash 软件是基于矢量的图形编辑和动画制作工具，其生成的各类动画现今在 Internet 上广为流传。与其他工具相比，它具有矢量描述、播放流畅、数据量小、色彩鲜明等特点。特别重要的一点是，其他的教学软件都必须下载处理后才能够播放，Flash 软件还支持音频、视频等的流媒体技术，能够实现边下载边播放，这样就可以使整个教学过程流畅自然。Flash 软件有如此强大的功能，使得越来越多的人采用 Flash 软件制作多媒体教学课件，尤其是需要进行动画演示或动画模拟的多媒体数学课件。

（六）FrontPage、Dreamweaver

Microsoft公司Office套件中的FrontPage软件和Adobe公司的Dreamweaver软件是当前比较流行的两种网页制作工具。两者相比，FrontPage 软件更简单易学，Dreamweaver 软件存功能更为强大。

二、Powerpoint 制作课件的优势

上面介绍的多媒体课件制作软件都有各自不同的特点，各种多媒体制作

软件各显神通，各有千秋，教师可以根据课件的开发要求、个人喜好以及现有条件等加以选择。但目前课堂教学中应用最多、最广的当属 PowerPoint 课件，它的优点如下。

1）简单易学。PowerPoint 基于传统幻灯片的方式，实现用计算机进行多媒体创作的软件，它不要求我们掌握相对复杂的计算机知识，只要能够进行文字录入、插图对象和超链接等简单的操作，就可以制作出交互性强、界面精美的多媒体课件。

2）制作简单，省时省力。用 PowerPoint 制作的课件费时较少；且在课堂应用中，用 Powerpoint 所制作的课件操作简便、修改方便，课件的共享性强。

3）修改方便、操作简便。用 PowerPoint 制作的课件结构分明，即时制作，即时显示、即时修改。教室可以根据需要添加旁白、声音、影片、图像和动画，并定义它们的播放次序和效果，演示效果丰富多彩，方便教师在课堂上使用。

4）信息量大空间小，共享性强。PowerPoint 制作的课件包含的信息量很大，但是课件占用的空间一般都很小，一般在几到几十 MB 之间，而且很容易保存为网页文件，可以方便地在线演示，甚至可以直接发布成网站，供网上教学使用。

5）兼容性抢、扩展性好、所支持平台使用广泛。几乎所有计算机都安装有 Microsoft Office 系列，PowerPoint 无须特别安装。教师可以在授课时对课件随意修改，还可以轻松拷贝给学生自学使用。

第二节　PowerPoint 平台下的课件集成

PowerPoint 是 Microsoft 公司 Office 系列办公组件中的幻灯片制作软件，由于它和其他 Office 软件一样，容易使用、界面友好，因此在设计制作多媒体课件中，应用也很广泛。

启动 PowerPoint，自动进入操作界面，如图 7-1 所示。窗口由标题栏、菜单栏、工具栏、工作区、任务窗格等部分构成。各部分主要功能如下。

1）标题栏：显示正在编辑的演示文稿的文件名及所使用的软件名。

2）“文件”选项卡：基本命令位于此处，如新建、打开、关闭、另存为和打印。

3）快速访问工具栏：常用命令位于此处，如保存和撤销。

4）功能区：工作时需要用到的命令位于此处。它与其他软件中的菜单或工具栏相同。

5）编辑窗口：显示正在编辑的演示文稿。

6）显示按钮：可以根据自己的要求更改正在编辑的演示文稿的显示模式。

7）滚动条：可以更改正在编辑的演示文稿的显示位置。

8）缩放滑块：可以更改正在编辑的文档的缩放设置。

9）状态栏：显示正在编辑的演示文稿的相关信息。

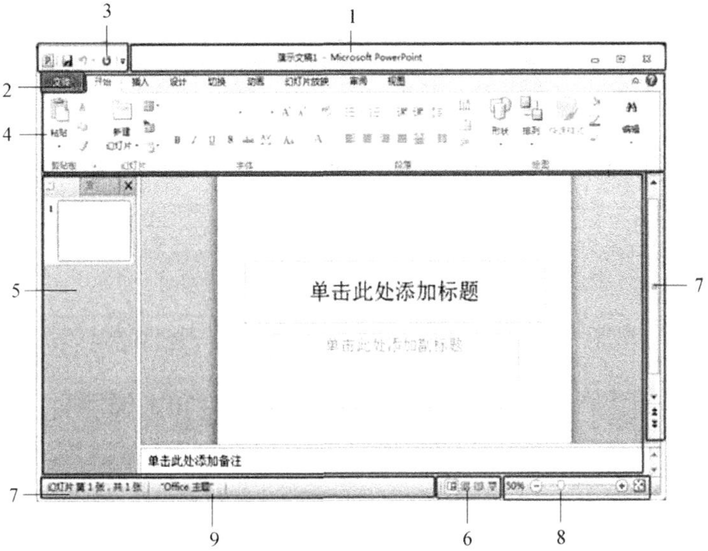

图 7-1 PowerPoint 的操作界面

注：图中数字与正文编码相对应

一、文本的集成

文本是多媒体课件中极其重要的组成部分，很多基本概念、原理、方法等学习内容均需使用文本的形式来表述，这就要求文本从输入到格式化、背景设计、效果设置、动画效果等具有艺术性，符合教学目标，形成简洁精炼、取舍得当、言简意赅的文字描述，否则成了“黑板搬家”，甚至“书本搬家”。

（一）文字的集成

在 PowerPoint 中，可以添加三种类型的文本：占位符文本、文本框中的文本和自选图形中的文本。

1. 占位符文本

这是最常用的输入文字的方法。执行【文件】|【新建】命令，在编辑窗口中显示第一张空白幻灯片，就可以在该幻灯片中输入和处理文本及其他对象了。幻灯片窗格中有两个虚线框上面分别有“单击此处添加标题”和“单击此处添加文本”的提示，称为文本占位符。单击相应占位符即可输入相应的文字。一般制作课件时候大多使用占位符输入文字。

2. 文本框中的文本

执行【插入】|【文本框】命令（图 7-2），根据需要选择横排或是竖排文本框既可输入文字。文本框文字一般在占位符文字不能满足教学需要的情况或是要把文字单独设置动画等方式才使用。

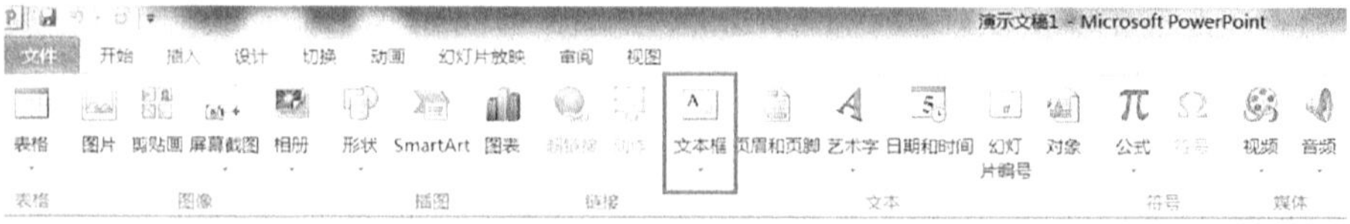

图 7-2　插入文本框

3. 自选图形中的文本

执行【插入】|【形状】命令（图 7-3），在出现的菜单中选择任意一个自选图形，选中该自选图形单击鼠标右键，在出现的快捷菜单中选择“编辑文字”即可在该自选图形中输入文字。

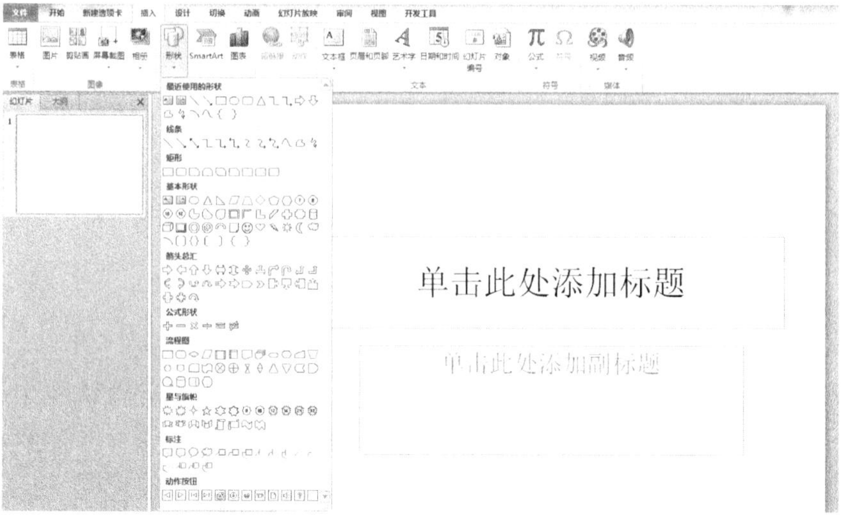

图 7-3　插入形状示例

（二）文本的编辑

PowerPoint 中文本的修改、删除、复制，以及段落设置等操作与 Word 类似，这里主要讨论文本的格式化操作。幻灯片中文本格式化操作可以采取以下两种方式。

1）在文本占位符内单击鼠标，采用拖动方式选中文本，然后使用“开始”功能区的相关命令，设置文本的“字体”“字形”“字号”“颜色”“效果”等，如图 7-4 所示。

图 7-4　字体和段落设置

2）在文本占位符内单击鼠标，在出现的斜线框上单击鼠标，选中占位符中的所有文本，然后执行“格式”功能区下的“字体”命令，设置文本格式。

（三）文字设置技巧

1. 字体属性设置

采用不同的字体属性，可以引导并保持学习者的注意力，可以通过使用大号字体、加粗字体、颜色的选择、显著的位置及其他的方法来使其醒目。这源于心理学的突出性、可辨性和知觉组织原理。注意力被不同的领域所牵引，所以使用杠杆作用的设计原理（如对比度、突出放大显示特别的地方）。文字与它的属性搭配一致的话，更容易被人记住，这遵循相容原理和信息变化原理。

2. 文字字数选择

文字字数不宜过多。通常来讲，幻灯片出现的文字数同讲课效果成反比。在每一张幻灯片中尽可能使用最少的文字（6～8 行的词语和完整的句子），过多的文字会让人分心。另外，有效的幻灯片尽可能一张只有一个信息，一个要点。

二、图形图像的集成

（一）图形图像在 PowerPoint 中的作用

PowerPoint 中的图形一般由绘图工具绘制而成，用矢量或参数表示，文件小，显示速度快；而图像是通过采集外部图片或拍摄外部事物得到，或截获复制屏幕得到，用像素表示，图像文件相对图形文件要大得多。在 PowerPoint 中，图形和图像的作用概括起来有如下四大功能。

1）背景功能：其要求就是简单平实，不影响到前方内容的显示。

2）教学功能：以静态画面呈现教学信息，相当于传统教学中的投影片、幻灯片和照片、图片、挂图等。

3）图标功能：作为超级链接、交互操作等的图标按钮。

4）制作动画：PowerPoint 具有制作简单动画的功能，动画的本质是按一定顺序和规律显示的一系列图片（图像或图形），因此图像或图形是制作动画的素材。

（二）在幻灯片中插入图片

在 PowerPoint 插入图片有以下几条途径，如图 7-5 所示。

图 7-5　PowerPoint 插入图片

1. 插入图片

插入已经准备好的放在本机磁盘上的图片。幻灯片中的图片可以进行移动、缩放等编辑以及根据需要设置动画效果，也可以打开 PowerPoint 中的“图片”工具栏（图 7-6）进行“亮度”“对比度”“裁剪”等调整。

图 7-6　图片工具“格式”选项卡

2. 插入剪贴画

通过 Office 提供的图片库，选择符合教学需要的图片插入幻灯片。可以根据情况可以对剪贴画进行编辑，具体操作步骤如下。

1）插入剪贴画后，单击鼠标右键，在弹出的快捷菜单中执行【组合】|【取消组合】命令。

2）然后会出现一个如图 7-7 所示的对话框，单击“是”。

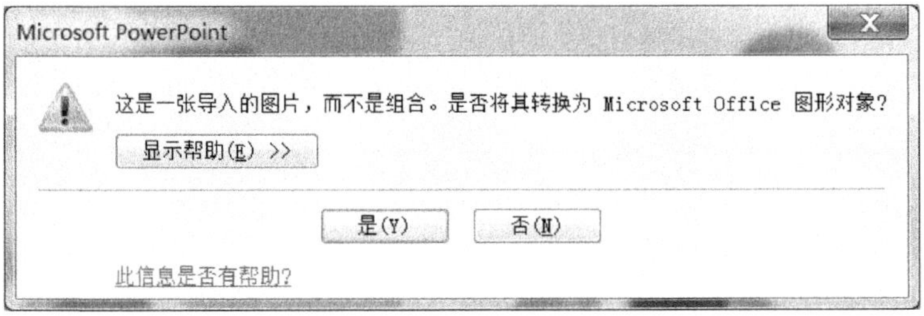

图 7-7　询问对话框

3）通常需要重复两次取消组合，这时会出现如图 7-8 所示的画面，剪贴画已经被分解了。这时候可以对剪贴画进行任意修改，去掉不需要的元素，还可以对需要保留的内容进行颜色填充。

图 7-8　取消组合

4）最后再全部选中剪贴画，进行重新组合即可，最终效果如图 7-9 所示。

图 7-9　剪贴画编辑效果图

3. 插入屏幕截图

将其他打开的文档（如 Word、图像编辑软件、其他演示文稿、网络的 Web 文件等）正在显示的图片直接粘贴到幻灯片中，也可以双击该图标进行截图直接粘贴到幻灯片中。

4. 插入形状

可以选择符合需要的自选图形插入，也可以用这些简单图形组合成复杂图形。

选中任何一个自选图形，在功能区会出现“格式”选项卡，如图 7-10 所示，可以方便地对形状、文字的格式进行设置。

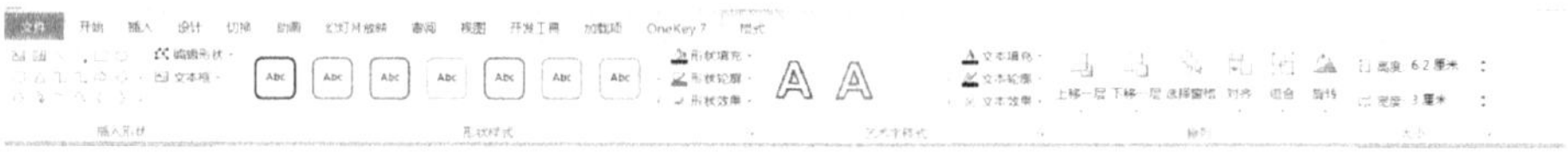

图 7-10　“格式”选项卡

在组合复杂图形时，根据实际情况在“图形”选项卡中选择“上移一层”“下移一层”“对齐”等按钮，最后选中所有图形选额“组合”按钮进行组合，需要修改的再取消组合即可。

5. 插入 SmartArt 图形

SmartArt 图形是信息和观点的视觉表示形式。可以通过从多种不同布局中进行选择来创建 SmartArt 图形，从而快速、轻松、有效地传达信息。与文字相比，插图和图形更有助于学习者理解和记住信息，但是大多数人依旧创建只含文字的内容。

具体做法是切换到“插入”选项卡，在“插图”选项组，单击“SmartArt”，弹出如图 7-11 所示的对话框。

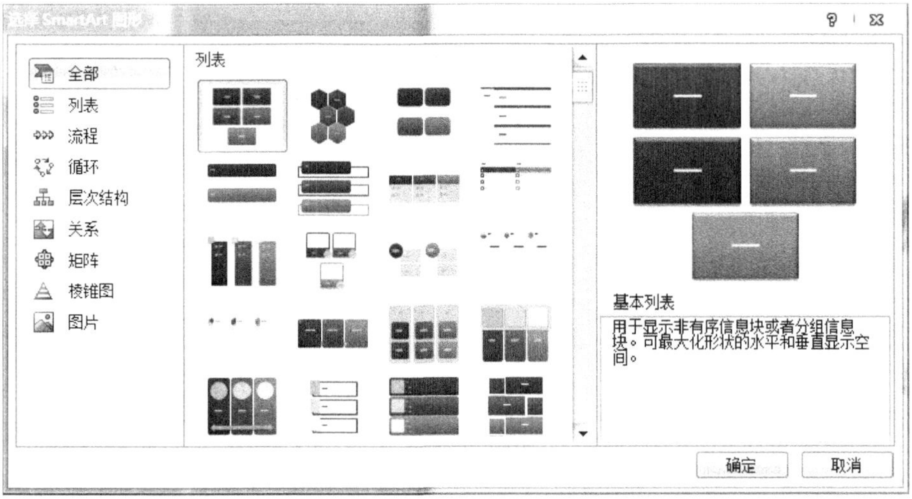

图 7-11 选择 SmartArt 图形窗口

在图 7-11 所示的“选择 SmartArt 图形”对话框中选择一种图形完毕后“确定”按钮。接在图 7-12 所示的左侧输入文字。最后可以利用图 7-13 所示的“设计”和“格式”选项卡设置 SmartArt 图形的外观和格式。

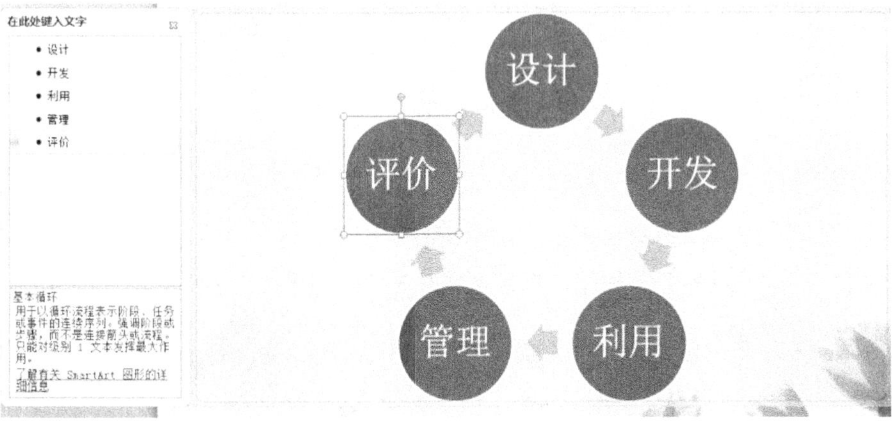

图 7-12 SmartArt 图形输入文字

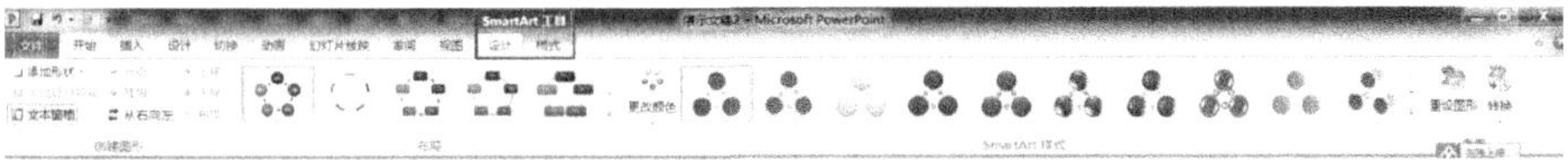

图 7-13 SmartArt 图形的格式设置

三、公式编辑器的使用

在制作课件时，常常会用到公式，如何在 PowerPoint 中插入公式呢？和 Word 一样，PowerPoint 也有公式编辑器，双击“插入”选项卡的“公式”选项，出现“在此键入公式”的占位符，如图 7-14 所示。

图 7-14　公式编辑器

接下来使用公式编辑器，建立如图 7-15 所示的公式。

$$S_{ij}=\sum_{k=1}^{n}\alpha_{ik}\times\beta_{kj}$$

图 7-15　实例中的公式

首先在上下标模板中，选取带下标的选项（图 7-16），先选择左边的那个方框输入“*S*”，再在下标框里输入“*ij*”；单击鼠标切换光标后再输入“=”。

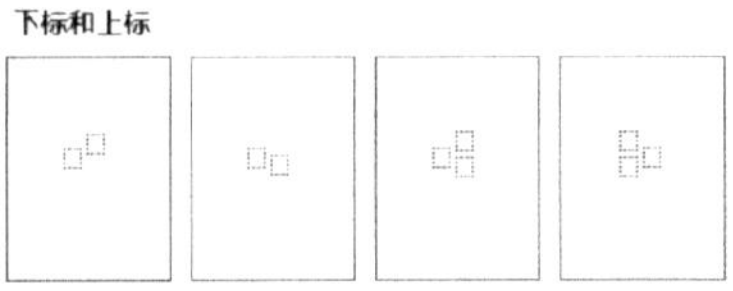

图 7-16　上下标模板

然后，在工具栏中单击求和模板，在打开的选项（图 7-17）中选择上下带虚框的求和符号，然后将光标置于相应的位置框上，分别输入“*n*”“*k*=1”。

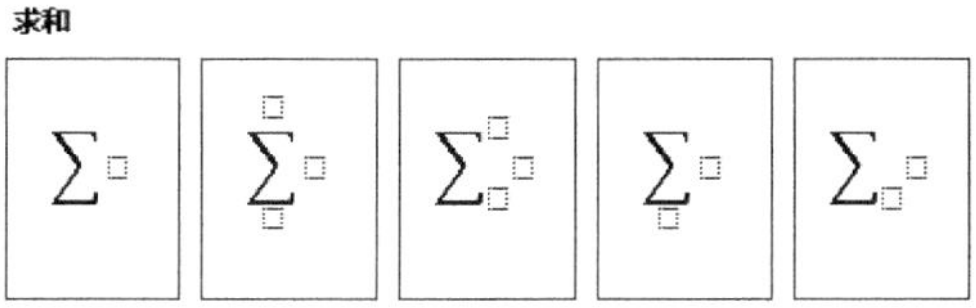

图 7-17 求和模板

最后，选择相应的下标模板，结合如图 7-18 所示的特殊符号，在 α 上单击一下，然后再按前面的方法输入下标“ik”，接下来输入乘号，单击“数字符号”按钮，从中选取乘号。同样，再插入“β”及其下标，公式输入完毕。

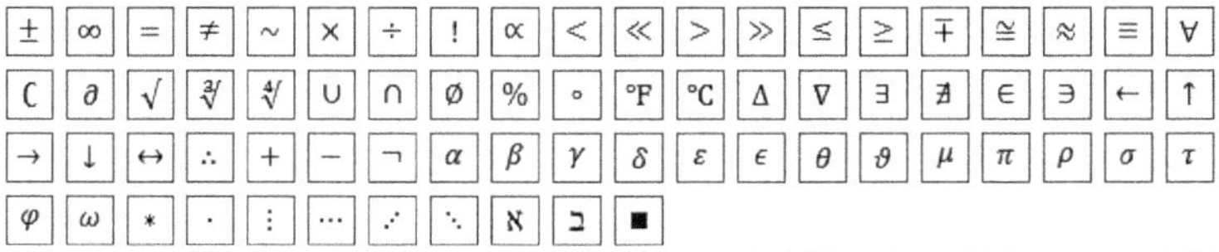

图 7-18 符号

在 PowerPoint 中输入的公式对象就可以像图形一样进行各种编辑操作。如果要修改公式，就可以双击公式进入编辑模式对公式进行编辑修改操作。

四、声音和视频的集成

在前面章节中我们已经学习了音频和视频文件的制作和编辑，PowerPoint 中可以直接插入声音文件和视频文件，使课件具有传统教学中录（放）音机、录（放）像机的功能。

（一）声音的集成

1. 插入音频

插入“插入”选项卡中的“音频”（图 7-19）的下拉箭头，选择“文件中的音频”，在弹出的“插入音频”对话框中找到相应的声音文件点击“插入”按钮即可。

2. 设置播放选项卡

可以根据自己需要在“播放”选项卡上面选择声音开始的方式为“跨幻灯片播放”，把“放映时隐藏”的勾打上，再把“循环播放，直到停止”的勾打上。(还可以调音量的大小，设淡入、淡出的时间)，如图 7-20 所示。

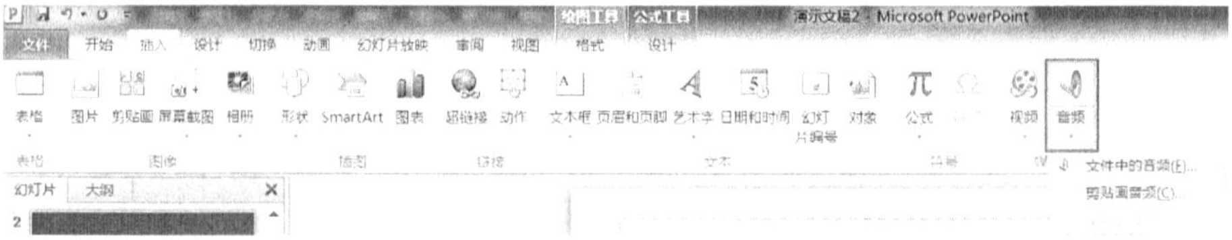

图 7-19　插入音频

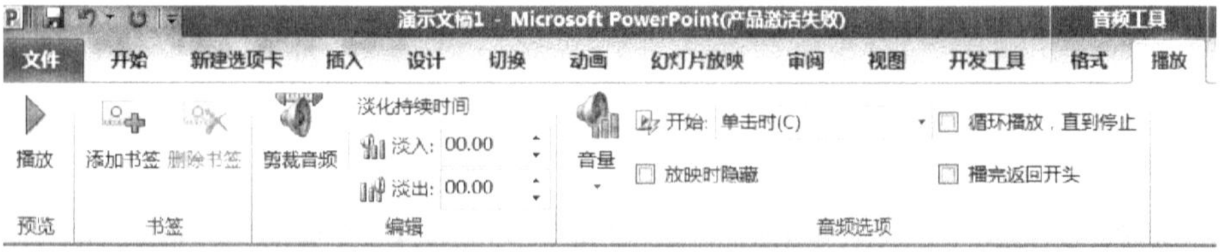

图 7-20　播放选项卡

3. 裁剪声音

在图 7-20 中选择“剪裁音频”按钮，可以弹出如图 7-21 所示的对话框，拖动绿色和红色的游标选择声音剪裁的起始点，便可对声音进行裁剪。只是要注意的是裁剪实际只是遮盖了你不想要听到的部分，并未真正裁剪。

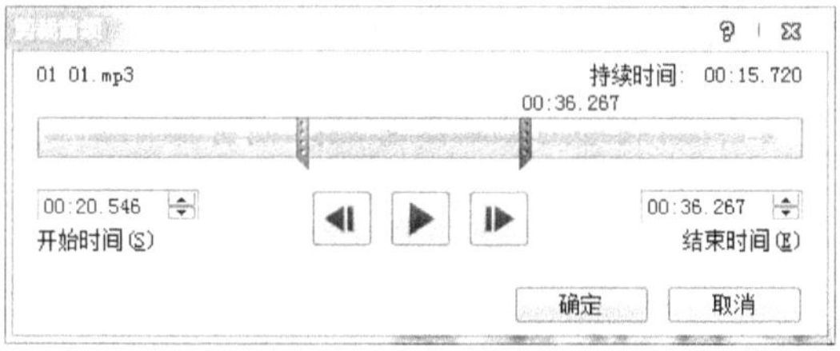

图 7-21　剪裁音频对话框

4. 设置背景音乐

1）如果需要把声音设置成多媒体课件的背景音乐，需要在前面步骤的基础上选中声音的小喇叭图标，单击“动画”选项卡里面的“动画窗格”，会在页面右边出现一个动画窗格，如图 7-22 所示。

2）然后在“动画窗格”中该音乐的下拉箭头处打开（图 7-23），在出现的菜单中选择“效果选项”，弹出“播放音频”对话框，如图 7-24 所示。

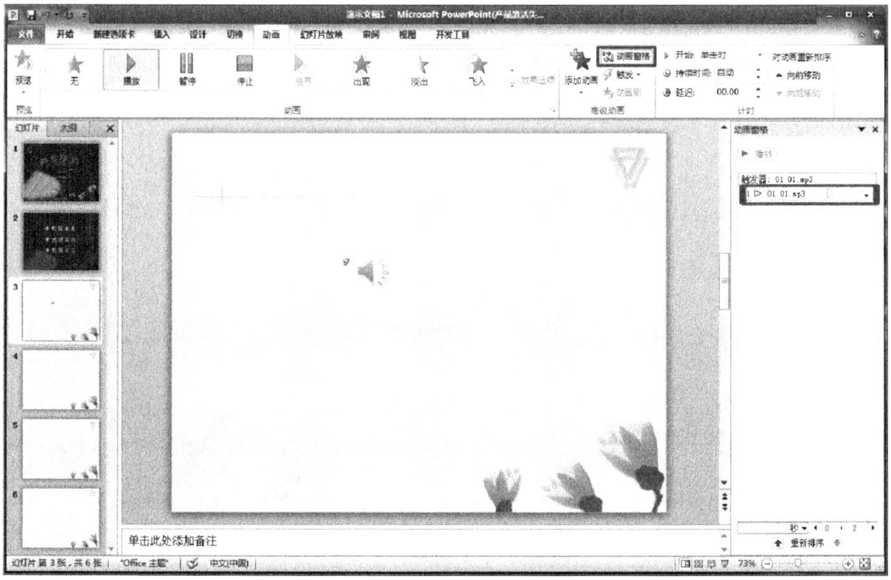

图 7-22 如何调出“动画窗格”

图 7-23 动画窗格

图 7-24 “播放音频”对话框

3）在图 7-24 的对话框中，声音默认开始播放的位置是“从头开始”，在“停止播放”里填上多少张幻灯片后停止即可完成背景音乐的设置。

PowerPoint 2010 及以上版本在插入音频方面有了以下改进：①能够完全嵌入音频格式，在 PowerPoint 2007 或者 PowerPoint 2003 里只支持 WAV 格式文件的嵌入，其他格式的音频文件均是链接，必须一起打包音频文件；②对 PowerPoint 2010 来说，可直接内嵌 MP3 音频文件，不会再担心音频文件丢失的问题；③随意的剪裁音频文件，可以设置为淡入淡出，音频不会感到突兀。

PowerPoint 2010 插入的 MP3 音频文件，比较缓慢，而且不能在兼容模式下使用，对方也必须是 PowerPoint 2010 嵌入的 MP3 音频文件才可以完全播放。如果将文件另存为 97-2003 兼容文件，音频文件会自动转换成图片，无法播放。

（二）视频的集成

在“插入”选项卡，找到“媒体”选项组，选择“视频”，点击下拉菜单有三种视频可插入：文件中的视频、来自网站的视频及剪切画视频，可根据教学的需要选择不同的视频来源（图 7-25）。

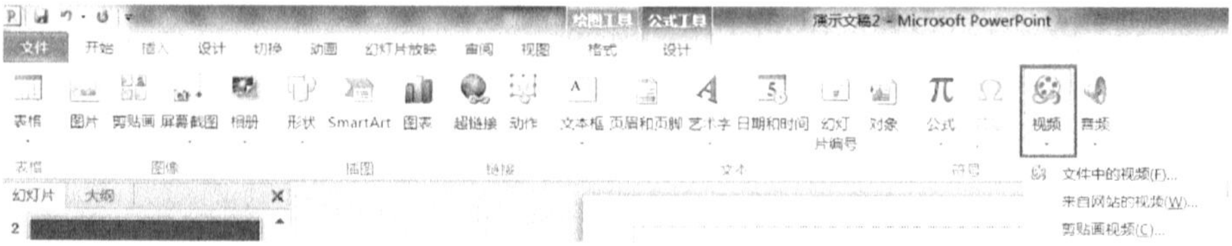

图 7-25　插入视频

在此，选择“文件中的视频”，在弹出的“插入视频文件”对话框中选择视频路径，然后选中要插入的视频，单击“插入”按钮（图 7-26）。

图 7-26　插入视频文件对话框

使用 PowerPoint 2010 及以上版本均可以内嵌视频文件，支持嵌入网络视频文件。与早期的版本比较您也可以嵌入来自剪贴画库的 GIF 动画文件。需要注意的是，PowerPoint 不能直接插入 FLV 文件，如果安装了 QuickTime 和 Adobe Flash 播放器，则 PowerPoint 2010 才支持 QuickTime（MOV 和 MP4）和 Adobe Flash（SWF）文件。视频文件的裁剪和音频文件有诸多的相同，不赘述。

五、Flash 动画的集成

如果安装了 Adobe Flash player 播放器，PowerPoint 2010 及以上版本将 Flash 动画以视频的形式引入，具体参见视频的插入方法。

六、自定义动画的使用

自定义动画的设置首先要设计好对象出现的顺序，依次选择相应的动画效果。

（一）自定义动画的添加

需要给某一对象添加自定义动动画时，在幻灯片中选择要设置的对象（如标题），如图 7-27 所示，点击“添加效果”的下拉按钮，弹出动画效果的下拉列表框，在此 PowerPoint 提供了“进入”“强调”“退出”“动作路径”四种动画类型，每种又分为很多动画效果，如图 7-28 所示。如果某对象的动画效果或顺序不符合要求，可任意进行更改。对同一对象可设置多种动画，播放时产生组合效果。设置动画要注意“效果”“方式”“方向”“速度”等选项的选择，如图 7-29 所示。在设置动画时请尽量遵循阅读习惯，不当的选择容易造成视觉干扰，切忌画蛇添足。幻灯片上的主标题一般可考虑不设置动画，这样可避免刚放映（换页）时出现“白板”现象。

图 7-27　动画选项卡

图 7-28 动画效果

图 7-29 动画效果设置

（二）简单动画的制作

动画的本质是一系列内容接近的图片，合理地利用“自定义动画”中的选项如“开始方式”“方向”“速度”“效果选项”“计时”等设置和“放映方式”中的放映类型设置，可以在一张（或少数几张）幻灯片上实现一个（段）简单的动画。

下面以通过飞机投弹，演示平抛物体的运动为例，来演示简单动画的制作，通过飞机投弹，演示平抛物体的运动，步骤如下。

1）新建一张幻灯片，依次插入“天空”“飞机”“炸弹”的图片，并对图片进行调整设置，如图 7-30 所示。

2）选中“飞机”，点击“动画”选项卡，点击“添加效果—其他动作路径—向左”，自动生成以绿色、红色三角形为端点的水平虚线。如果默认的“动作路径”长度不合适，可以通过红色三角形上的控点调整长度。

3）选中“炸弹”，类似方法设置动画。在“动作路径”中选择“自定义路径”进行绘制。如果感觉绘制出来的曲线不够平滑，可以用鼠标右击曲线，选择“编辑顶点”命令，此后曲线上就会出现许多小黑点，用鼠标拖动各顶点，从而让曲线变得更加平滑。单击动画“开始”按钮的下拉箭头，选择下拉列表中的“与上一动画同时”，实现“飞机”和“炸弹”同时运动，如图 7-31 所示。

图 7-30　效果图

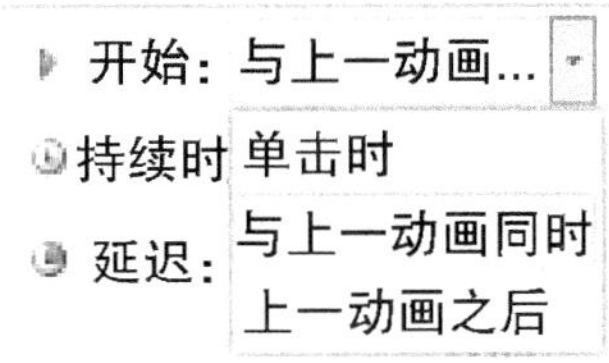

图 7-31　动画开始方式

如果需要，可以在“效果选项”中插入爆炸声音，也可以通过插入菜单插入自己准备好的声音，并设置动画，在“炸弹”落地时播放。

（三）设置幻灯片切换方式

PowerPoint 提供了类似视频编辑中过渡特技的设置功能，称为“幻灯片切换方式”，其用途是设置一张幻灯片放映结束到下一张幻灯片出现之间的过渡效果。

单击“切换”选项卡，如图 7-32 所示。依次选择切换效果、速度、换片方式，单击“应用于所有幻灯片”，则该切换效果应用到整个演示文稿中。

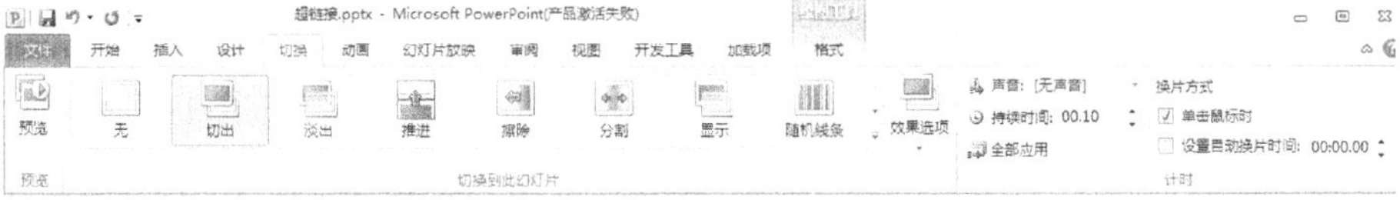

图 7-32　幻灯片切换

在幻灯片切换效果对话框中，“声音”为切换时的效果声音，应视情况而定，避免干扰教学。

换片方式中如果选择“每隔……”，则会按填入的时间自动换片，因此课堂使用的课件最好选择“单击鼠标”。

如果不单击“应用于所有幻灯片”按钮，切换效果仅应用于当前幻灯片。

七、超链接

超链接是使多媒体课件由原始的线性结构以非线性结构出现，由表及里、由此及彼，调用其他应用软件或程序，更适合人们的思维习惯，也使多媒体课件能整合更多类型的多媒体素材。

（一）超链接的构成

一个闭合的超级链接通常由“出点”、“目标”和“返回”几个要素构成。

1. 出点

“出点”是当前幻灯片上的一个按钮（可以是文本、图片或其他对象），在放映时单击此按钮链接动作，转向目标。

2. 目标

“目标”是链接指定要到达的地方（或要调用的文件路径和名称）。

3. 返回

“返回”是目标上的一个按钮，单击该按钮，结束目标，返回到“出点”位置。

（二）超链接的制作

超链接最主要的作用就是由此及彼、由彼回此。下面以课件《超链接》为例来讲解超链接的使用。《超链接》课件的封面如图 7-33 所示，制作过程大致可以分为以下几个步骤。

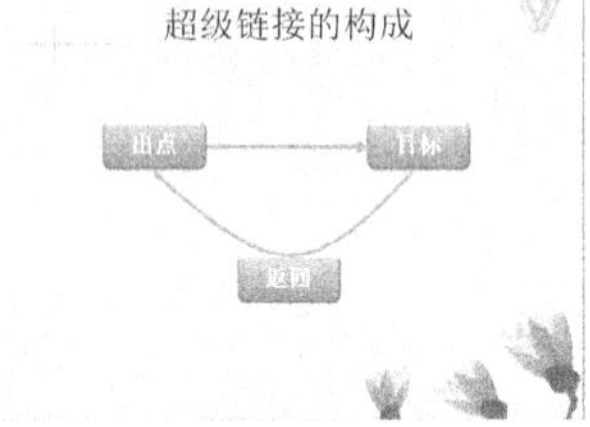

图 7-33　超链接的导航界面

1）选中“出点”文本框，点击“插入”选项卡中的“超级链接”按钮，打开“插入超链接”对话框，如图 7-34 所示。单击对话框中左端“本文档中的位置”按钮，对话框如图 7-35 所示。单击“请选择文档中的位置”下框中的“出点”，在“幻灯片预览”框中显示该幻灯片的缩图，单击“确定”按钮即可。

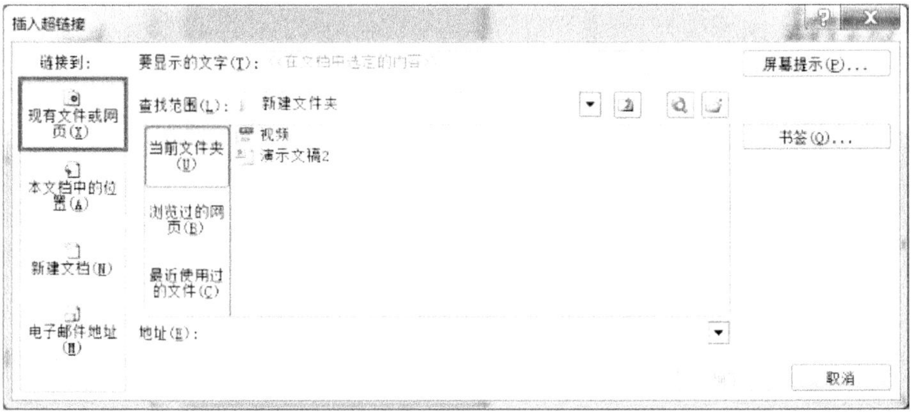

图 7-34　“插入超链接”对话框 1

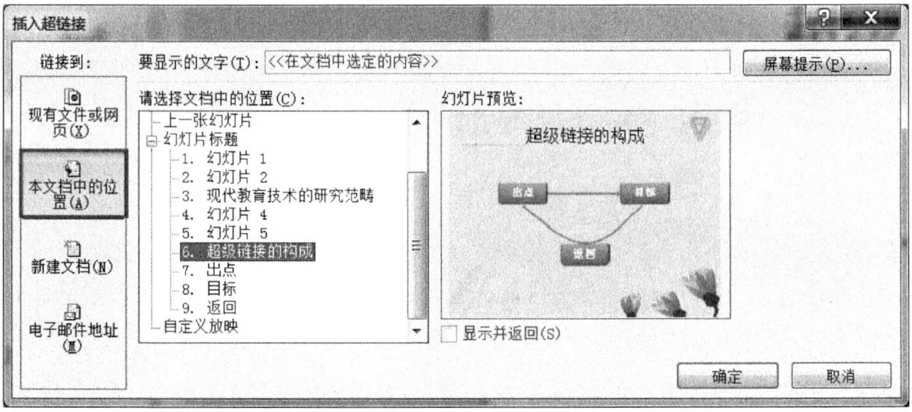

图 7-35　“插入超链接”对话框 2

2）在第四张幻灯片的右下角制作一个返回的图标（如自选图像中的返回箭头），选择该图标，再次打开对话框，选择幻灯片 3，即标题为“3.超链接的构成”的幻灯片，单击“确定”按钮，至此完成“出点”导航的链接。

3）用同样的方法完成“目标”和“返回”的链接。

4）在第四页上增加一个按钮，链接到一个动画文件“超级链接的演示.swf”。具体方法为：①在封面幻灯片上插入一张自选图形，录入文字“动画演示”，打开图 7-31 所示的对话框。②选择文件：单击“当前文件夹”中的“超级链接的演示.swf”文件，在地址框中出现“超级链接的演示.swf”，单击“确定”按钮，链接制作完成。

需要说明的是，采用该方法可链接到任意的多媒体文件，可链接到声音文件、图片文件、视频文件等。播放幻灯片时，在需要播放时单击幻灯片上的图标即可播放，但是使用的前提是必须确保所使用的链接文件与 PPT 课件保存在同一个文件夹下才能进行插入超链接操作，而且连接到的目标文件必须与 PPT 课件同时拷贝和传送。同时，务必确认用于播放 PPT 课件的计算机（如教室计算机）上是否可播放该类多媒体文件，否则必须将相关播放器一起打包。由此可以看出：①在同一演示文稿链接时选择“本文档中的位置”按钮或“书签”按钮可以显示演示文稿中的所有幻灯片的标题，快速找到目标幻灯片；②目录式的链接必须包含“从什么地方出去”“到什么地方”“返回”这三个要素才是完整的链接；③用文本框做链接按钮时，选择框中文字和选中整个文本框链接后按钮文本变化不同，前者文字会变色且下划线，后者不变。

八、控件的使用

PowerPoint 具有强大的程序开发环境，它提供了一类特殊的开发工具——ActiveX 控件。ActiveX 控件是指用于设置数值调节钮、命令按钮、选项按钮、切换钮，以及其他用于创建自定义的程序、对话框和表格的项目。而 PowerPoint 的“开发工具”中提供的 ActiveX 控件，同 Visual Basic for Application（VBA）之类的程序语言中的控件是完全相同的，因而也可以用相应的程序语言来控制 PowerPoint 中的对象。ActiveX 控件的强大功能，可以在 PowerPoint 中实现多种特殊的交互功能，以及对其他程序的调用，并且自己可以自定义 ActiveX 控件。

PowerPoint 中的控件工具功能强大，可以实现较多的功能，当你要实现一些特殊功能时，就需要熟练掌握 Visual Basic 语言的使用。因此，这里只介绍使用控件工具箱中的一些简单功能。

（一）控件工具箱的操作

在 PowerPoint 中使用控件的操作步骤如下

选择需要插入控件的幻灯片，执行【文件】|【选项】命令打开 PowerPoint 选项窗口，选择其中的“自定义功能区”，然后在自定义功能区中选中“开发工具”，如图 7-36 所示。然后开发工具作为选项卡添加在“视图”选项卡后面，如图 7-37 所示。

图 7-36　PowerPoint 选项窗口

图 7-37　开发工具选项卡

控件工具箱中常用按钮的名称和功能如下。

1）A标签 Label 用于显示文本，不同于普通文本框，它是可以动态变化的。

2）ab|文本框 TextBox 是用于键入文本的框。在幻灯片放映中，允许在其

中输入文本，可用于设计填空题或在讲解中需要输入文本的情况等。

3）数值调节钮 Spinbutton 单击相应的箭头可增加或者减少数值。

4）命令按钮 CommandButton 单击时可执行某个操作的按钮。一般给它添加一些代码，单击时执行代码而达到一定结果。

5）图像 Image 嵌入图片或图形的控件，可以动态的改变它的图片对象。

6）滚动条 Scrollbar 当您单击滚动箭头或者拖动滚动框时，可以滚动数值列表的控件。

7）复选框 CheckBox 用于选择或者清除相应的选项。可以同时选择多个，比如用于设计多选题。

8）选项按钮（单选）OptionButton 用来从一组选项中选择其中某个选项的按钮。常用来设计单选题或判断题

9）列表框 Listbox 包含项目列表的框。

10）组合框 Combobox 具有组合框的文本框。你可以在框中键入文本，或者选择列表中显示的选项。

11）切换按钮 Togglebutt 单击这类按钮时，它会保持按下状态，再次单击时还原。

12）其他控件可打开其他控件的列表框，选择其他控件，或注册其他控件等。

13）属性按钮打开选中控件的属性对话框。

14）查看代码打开选中控件的“代码”窗口，对选中的控件的进行代码编辑。

插入控件的步骤如下。

1）在控件工具箱中选择一种控件后，鼠标指针变成“十字”，在幻灯片上相应位置按下左键，拖动鼠标，即可画出适当大小的控件框。

2）设置控件的属性。选中相应的控件，单击控件工具箱中的“属性”按钮，或者直接在控件上右击，在弹出菜单中选择“属性”，即可在打开“属性”框中对控件的相关属性进行设置，各种控件的属性框不完全相同。

3）编辑查看代码。选中相应的控件，单击控件工具箱中的“查看代码”按钮，或者直接在控件上右击，在弹出菜单中选择“查看代码”，或双击控件，就可打开演示文稿“代码”窗口，如图 7-38 所示。在该窗口中即可进行 Visual Basic 的编辑。完成编辑后关闭演示文稿代码窗口，代码将被保存。在放映幻灯片时，

当使用该控件，这些代码命令会被自动执行。对选中的控件的添加代码。

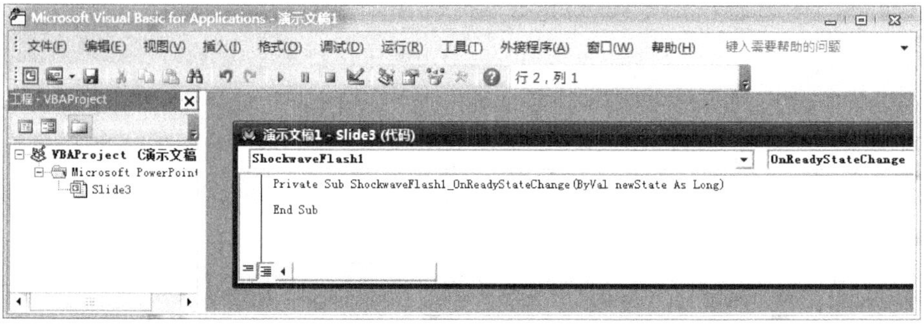

图 7-38 添加代码窗口

4）其他设置。在控件右键快捷菜单中，还可以对控件进行复制、剪切、控件格式、自定义动画等设置。

5）播放幻灯片，查看控件执行情况和效果。

（二）常用控件的使用方法

1. FLASH 播放控件

1）在开发工具选项卡中的“其他控件”列表中选择“Shockwave Flash Object”控件。

2）按住鼠标左键，在幻灯片上拖出一个 flash 占位符。

3）在矩形上单击鼠标右键，选择“属性”出现控件的属性窗口，如图 7-39 所示。通常情况下，一般只需要设置以下属性。

Movie：通常把 Flash 动画文件和演示文稿放在同一个文件夹下，以相对路径输入 Flash 影片的名称（含扩展名），如“donghua.swf”，其中“.swf”不能少。

EmbedMovie：设置成 True，指把 Flash 影片嵌入 ppt 文件，播放时候不需要依赖 flash 的源文件。

Playing：设置成 True，表示播放当前幻灯片即自动播放 Flash 动画。

Loop：设置成 True，让 Flash 动画反复播放，否则设置成 False。

Menu：在播放过程中，如果想在右击 Flash 电影时弹出选项菜单，把这个属性设置成 True。

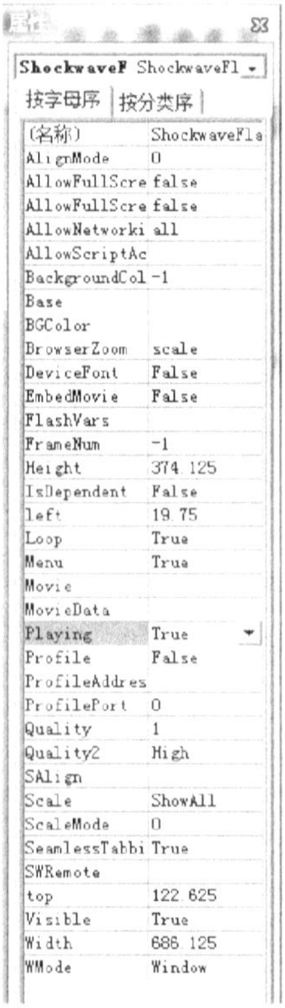

图 7-39　Flash 占位符属性窗口

4）使用“幻灯片放映”命令，即可以看到 Flash 动画的演示效果。

2. 音视频播放控件

1）在开发工具选项卡中的“其他控件”列表中选择“Window Media Player”控件。

2）按住鼠标左键，在幻灯片上拖出一个矩形，随后该区域就会自动变为 Window Media Player 的播放界面。

3）在播放器界面上单击鼠标右键，选择“属性”出现控件的属性窗口。

4）设置控件属性。在“URL”属性一项以相对路径的方式输入该媒体文件的名称，前提是把音、视频文件和演示文稿放在同一文件夹下，如“shipin.mpg”，其中“.mpg”必不能少，其他设置项均取默认值即可。

5）使用“幻灯片放映”命令，即可看到视频文件播放效果，在播放过程中，可以通过播放器中的“播放”“停止”“暂停”“音量调节”等按钮对视频进行播放控制。

3. 文本框控件

1）选择开发工具的“文本框”控件。

2）按住鼠标左键，在幻灯片上拖出一个方框。

3）在“文本框”上单击鼠标右键，选择“属性”，弹出“文本框”属性窗口，如图7-40所示。在“属性”框中对控件的属性进行设置，比如文本框属性中可设置文本框尺寸、背景颜色、字体和颜色、单行/多行、滚动条等。

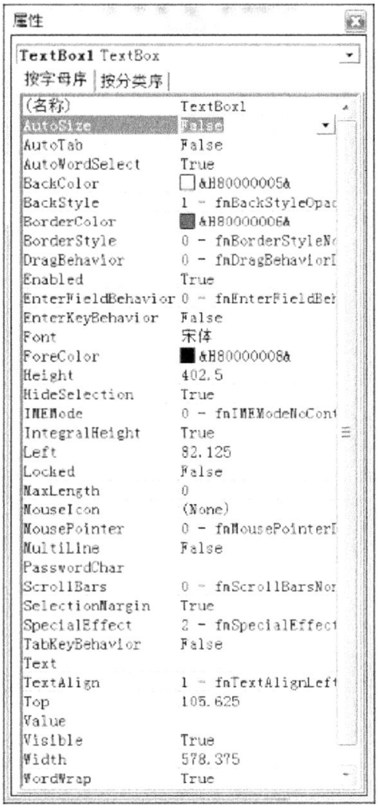

图7-40　文本框属性窗口

文本框属性窗口中的一些主要设置的含义如下。

Font 属性：设置显示文字的字体，字号等。

Locked 属性：设置放映时能否修改文本框中的内容，当值为True时，表示不能修改文本框中的内容。

Forcecolor 属性：设置文本框字体的颜色。

MultiLine 属性：设置文本内容能否多行显示。设为 True 时允许输入多行文字。

ScrollBars 属性：设置滚动条的样式。其中 0、1、2、3 分别表示不要滚动条、只要水平滚动条、只要垂直滚动条、要垂直和水平滚动条。

Text 属性：所要呈现的文本内容，通常是在其他软件编辑好之后，采用“复制—粘贴”的方法进行输入。

BackColor 属性：用来设置文字框的背景颜色。

TextAlign 属性：用来设置文字对齐方式，1、2、3 分别用来表示左对齐、居中、右对齐。

WordWrap 属性：段落内容是否允许文本换行，True 表示允许换行，False 表示不允许换行。

4）使用“幻灯片放映”命令，即可看到滚动文本的演示效果。

第三节　PowerPoint 课件输出

一、常用保存类型

PowerPoint 可以采用多种文件格式保存文件，在这些保存类型中，常用的有如下几种。

（一）*.pptx 或 *.ppt

典型的 PowerPoint 演示文稿保存类型，其中*.pptx 是 PowerPoint 2010 默认的保存格式，*.ppt 是 PowerPoint2007 及以前版本的默认保存格式。

若要确保在 PowerPoint 2010 制作的课件在旧版本的 PowerPoint 打开，此时可以将其保存为较低版本的“PowerPoint 97-2003”格式，就会弹出如图 7-41 所示的提示，点击“继续”按钮就行了，但部分新特性不能保留。

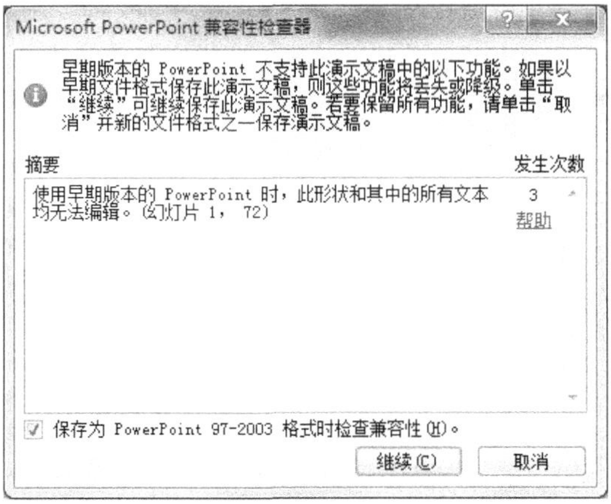

图 7-41 PowerPoint 兼容性检查器

（二）*.pps

以幻灯片放映形式保存演示文稿，保存后双击该文件名直接进入幻灯片放映状态。

（三）*.pptm

启用宏的 PowerPoint 演示文稿，课件中若包含 Visual Basic for Applications 代码的演示文稿需要保存为这个格式。

（四）*.pot

以演示文稿模板形式保存演示文稿，保存后将成为自己制作的模板。

（五）*.htm 或*.html

以 Web 方式保存演示文稿。保存后在保存位置出现一个和文件有相同名字的文件夹，上传到服务器上即可通过网络播放。保存为 Web 格式是 PowerPoint 的一大优势，利用 PowerPoint 可以制作网络课件或将演示文稿转化为网络课件。

二、其他保存格式

为了避免制作的多媒体教室没有安装 Office 组件无法播放，可以采取以下方法解决。

（一）将 PPT 转换为视频

Office2010 及其以上版本具有将 PPT 课件转换为视频的功能，不需另外下载插件。可以一并录制背景音乐，转换时间短，清晰度高，简单方便。需要注意的是用于转视频的文件一定是*.pptx 格式，如果不是，先用“另存为”转换格式。具体擦操作方法如下。

1）打开 PowerPoint2010，执行左上角【文件】|【打开】命令，打开要转换为视频的 PPT 文件。检查幻灯片播放是否有误，当全部制作完成时，如果默认格式是*. ppt，则要执行【文件】|【另存为】命令，在打开的“另存为”对话框选择保存类型为*. pptx，如图 7-42 所示。

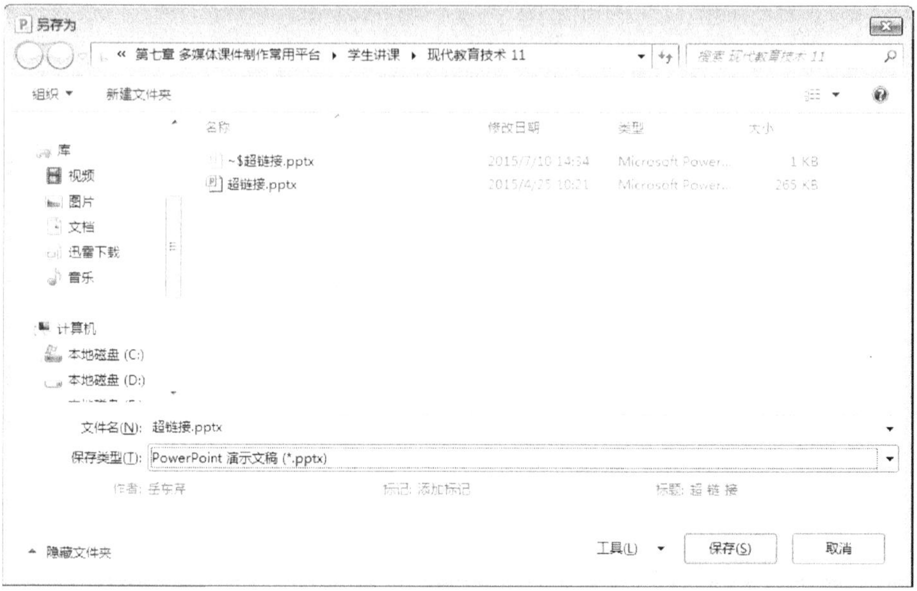

图 7-42　另存为对话框

2）执行【文件】|【保存并发送】|【创建视频】命令，如图 7-43 所示。注意右侧有两个选项，“计算机和 HD 显示”和“不要使用录制的计时和旁白”，根据需要选择不同的选项后左键单击“创建视频”按钮，选择要保存的位置，修改文件名，选择保存类型“WMV”，保存等待即可。

图 7-43 创建视频

（二）将 PPT 打包成 CD

1）打开需要转换为 CD 的 PPT 文件，执行【文件】|【保存并发送】|【将演示文稿打包成 CD】命令，如图 7-44 所示。

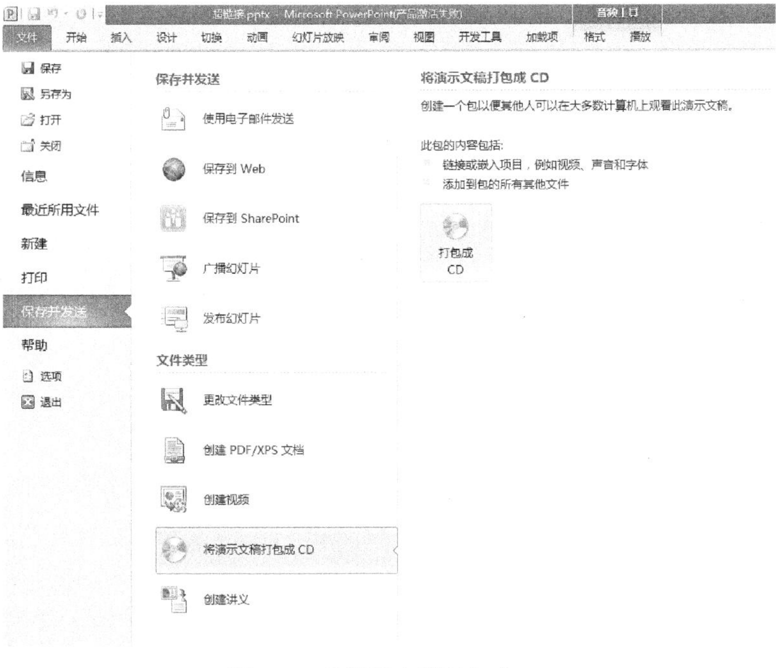

图 7-44 将演示文稿打包成 CD

2）单击“打包成 CD”按钮，弹出“打包成 CD”对话框，如图 7-45 所示。

图 7-45　“打包成 CD”对话框

3）打开“选项”对话框，如图 7-46 所示，把“链接的文件”“嵌入的 TureType 字体”前的复选框选中，这样多媒体课件在制作时用到的图片、动画、声音、外部文件都能进入打包文件，嵌入的 TureType 字体可以让演示文稿在使用特殊字体情况下，在任何电脑上都可以正确显示。如果让增强安全性，可以设置密码。设置完成后单击“确定”即可返回到“打包成 CD”对话框。

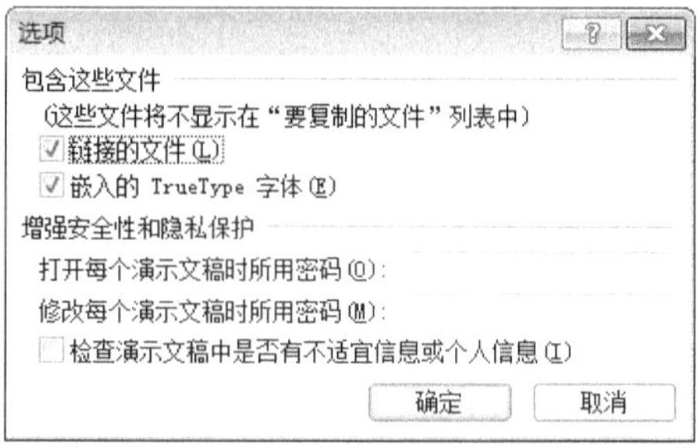

7-46　打包成 CD“选项”对话框

4）在“打包成 CD”对话框（图 7-45）中可以选择“复制到文件夹”或“复制到 CD”。其中“复制到文件夹”是将打包的内容存放在电脑上，“复制到 CD”是将打包的内容刻录到 CD 上。以“复制到文件夹”为例，打开如图 7-47 所示的界面，输入文件夹名，选择存储位置，然后单击“确定”。

图 7-47　复制到文件夹

三、多媒体优化和压缩处理

PowerPoint 为我们提供了课件中的音频文件的优化功能，执行【文件】|【信息】命令，在弹出菜单中即可看到“优化兼容性”“压缩媒体”等选项，如图 7-48 所示。单击相应按钮即可执行优化媒体兼容性和压缩媒体的操作。

图 7-48　优化兼容性

本章小结

常用的多媒体课件集成工具软件有以页式或卡片为基础的工具软件：

PowerPoint 和 ToolBook 等；以图标为基础的工具软件：Authorware 和 StoryLine 等；以时间为基础的工具软件有：Director 和 Action 等；以网页为基础的：Frontpage 和 Dreamweaver 等。借助这些软件，制作者可以简单直观地编制程序、调度各种媒体信息、设计用户界面等，从而摆脱烦琐的底层设计工作，将注意力集中于课件的创意和设计。

PowerPoint 容易使用，界面友好，因此在设计制作多媒体课件中，应用也很广泛。在 PowerPoint 平台下制作课件时图、文、声、像、动画等都有自己独特的方法和方式，为了确保课件能在不同的环境下播放，请选择不同的保存格式，也可以将 PPT 课件转换成视频或是 CD，还可以对多媒体进行优化兼容处理。

实训选择本专业自己感兴趣的教学内容并制作多媒体课件

一、实训目的

1）能结合自己所学专业制作实用的 PowerPoint 课件。

2）掌握制作幻灯片的一般过程和技巧。

3）学会对 PowerPoint 课件外观的格式化设置。

4）能利用超链接制作智能交互的课件。

5）了解一组幻灯片的播放控制和过渡处理。

二、实训环境

多媒体计算机、Windows XP/7/8/10 操作系统、OFFICE 2010 及以上版本、制作幻灯片的相关素材。

三、实施步骤

（一）准备工作

1）确定制作主题，先将图片、LOGO、视频、声音等素材准备好，并准备好要做的模板的字体、颜色等属性。

2）打开多媒体计算机，执行【开始】|【程序】|【Microsoft Office Power Point】命令，打开 PowerPoint 的主操作界面。

3）新建演示文稿，单击【格式】|【幻灯片版式】命令，选择一种与制作内容最接近的版式，这样有利于制作，在空白幻灯片上，根据占位符的提示进行普通文字的输入。

（二）个性化模板

1）执行【视图】|【幻灯片母版】命令，进入幻灯片母版视图，如图 7-49 所示。

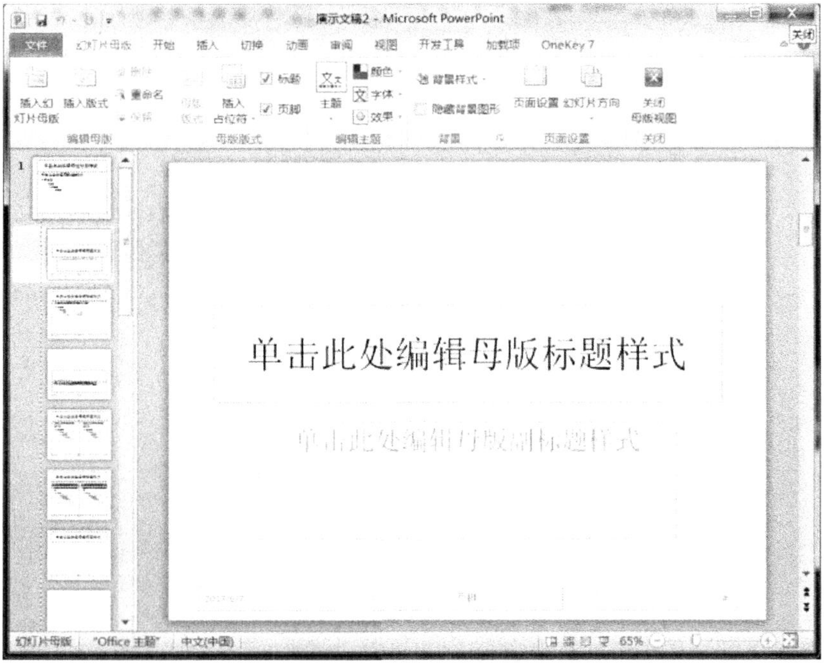

图 7-49　幻灯片母版视图

2）幻灯片模板的选择第一步是幻灯片页面大小的选择，单击图 7-50 中的“页面设置”按钮，选择幻灯片大小，默认设置是屏幕大小，其实你可以根据需求更改设置。

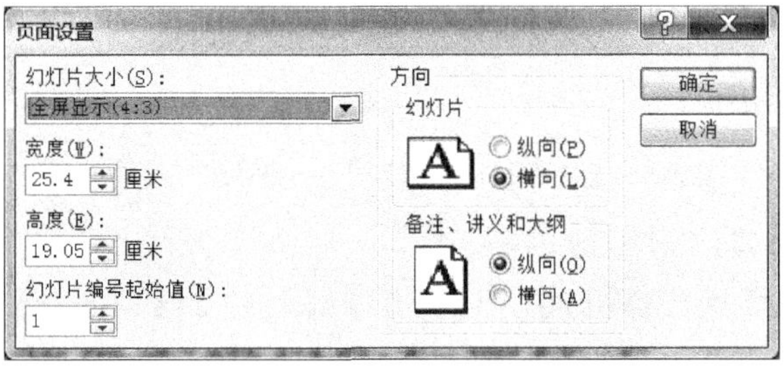

图 7-50　页面设置

3）一般制作多媒体课件的模板时只需要制作第一、第二页面，制作的模板尽可能跟教学主题相关，前后界面既有关联又有区别。比如美丽的校园的模板设计如图 7-51 所示，具体做法如下：①点击“插入”选项卡中的“形状”按钮，选中要作为模版的矩形、线条插入，选中对象后再图片工具“格式”选项卡里面设置合适的填充颜色、对齐及叠放次序，使图片不能影响对母版排版的编辑。也可以按照 PPT 设置背景的方法添加上图片为背景。②制作个性 PPT 模板时，最好加上属于自己的 Logo，“幻灯片母版视图”第一页的幻灯片中，将 Logo 放在合适的位置上，关闭母版视图返回到普通视图后，就可以看到在每一页加上了 Logo，而且在普通视图上也无法改动它了。③在“开始”选项卡中，设置不同的母版占位符的字体、字号、颜色；依次选定母版各级文本文字，设置字体、字号、颜色，通过“格式”—项目符号和编号”—“项目符号项”—“图片”选择自己满意的图片作为这一级的项目符号项标志。

图 7-51　美丽的校园模板制作

（三）课件制作

本章第二节详细介绍了课件制作的基本要点，故此处只列出大致步骤。

1）尽可能在文本占位符输入文字，单击相应占位符即可输入相应的文字。选定文本，通过“开始”选项卡选择满意的字体、字号、字色。主页上要包括本课件的所有知识点。

2）一张多媒体幻灯片基本制作完成，对多张幻灯片组的制作，可以选择【插入】|【新幻灯片】命令新建幻灯片，一张一张制作完毕。

3）在幻灯片中添加自选图形和图像等并对其进行设置。选择“插入”选项卡中的图片、剪贴画、屏幕截图、相册、形状、SmartArt、图标、公式编辑器、艺术字等，在相应的工具栏，可以对图片的大小、颜色线条、位置等参数进行调试、修改。

4）在幻灯片中添加声音和影片文件。在【插入】|【音频】或【视频】命令选择合适的影片或声音来源，设置其播放参数。注意要将所有的声音、视频和课件放在同一个文件夹内。

5）插入超链接。选中对象，右键单击选择超链接，设置到合适的位置。或是通过菜单命令【插入】|【超级链接】或【动作】命令法来实现。并在合适的页面上设置返回到主页面的按钮。

6）片间动画、片内动画的设置。当素材基本调入后，可适当自定义播放。选择“幻灯片放映”命令。对各个对象可以利用动画出入以突出其重点，选择“动画”命令，适当调整各对象播放顺序以及时间间隔。

7）编辑制作完毕后，调试满意存盘。

四、注意事项

1）幻灯片要重点突出，不要将幻灯片做得过于“花”，转移观众的注意力。

2）注意幻灯片的播放速度，使播放速度与观众的认知节奏同步。

3）合理地运用声音，在效果中突然响起声音可吸引观众，但过分的声音会使主题变得不鲜明。

【拓展阅读】学科软件介绍

在现实的学习和教学过程中，一些特殊专业还需要用到一些和专业相关的软件。例如，用于数学、物理等专业的几何画板，用于化学专业的化学画板等，都有其特殊的用途。本节简要介绍一些最基本的学科专业教学软件。

专业教学软件是为特定学科的教学、科研和工作而开发的软件。由于学科软件针对性强，利用相应的专业教学软件开发学科课件，可取得事半功倍的效果。

1. 数学专业学科软件

数学专业常用教学软件有几何画板、GeoGebra、Matlab、Mathematica、

Maple、Lindo 等几种。

1）几何画板：它以点、线、圆为基本元素，通过对这些基本元素的变换、构造、测算、计算、跟踪轨迹等，显示或构造出其他较为复杂的图形，给学习者创造了一个实际“操作”几何图形的环境。

2）GeoGebra：是美国佛罗里达州亚特兰大学数学教授 Markus Hohenwarter 在奥地利完成博士论文所设计的基于 Java 的动态数学软件，并通过开源方式逐步完善和推广。它具有代数与几何功能，包含代数区和绘图区（平面和立体），分别用于显示数据和呈现图形，而且代数区和绘图区可以相互动态关联。绘图时既可以直接选择工具绘制图形，也可通过输入框用指令实现，绘图区中的图形还能进行移动或旋转等操作，直观观察运动中各个参数的变化及参数之间的关系。

3）Matlab：提供的工具覆盖信号处理、系统控制、统计计算、优化计算、神经网络、偏微分方程、模糊逻辑、动态系统模拟、系统辨识和符号运算等领域。

4）Mathematica：常用的数学软件，能够完成符号和数值运算、数学图形绘制、动画制作等多种操作。

5）Maple：主要适用于微积分、解析几何、线性代数、微分方程、计算方法、概率统计等方面教学软件的开发。

2. 物理专业学科软件

物理专业常用的教学软件主要是物理画板。

物理画板是一个基于 Word 平台的作图工具，它弥补了 Word 在编辑方面不便输入各种物理图形符号的缺憾，增加了“力学”（40 种力学常用的仪器与器材）、“光学”（20 种光学器材图形符号）、“电学”（32 种电学器材图形符号和实物符号）、“热学”（23 种热学器材）及坐标系和其他测度仪表等专业的图形符号栏，增加了“旋转”“放大”“排版”等工具按钮。是一款专门用于物理教师进行电子备课、试题编辑、课件制作等方面的软件。

使用时只要用鼠标单击所需要的图形，在 Word 编辑窗口中即可出现相应的图形，然后根据需要可对该图形进行缩放、旋转、平移、拖放、线条粗细、填充颜色等各种操作。将图形的各个部分拖放至合适位置，单击装配按钮即可组合成相应的图形。

3. 化学专业学科软件

化学专业常用教学软件主要有 Chemlab。

ChemLab 是一个交互式的化学实验模拟工具。它能真实地反映实验室中的化学实验仪器，提供了预先设置好的化学实验，同时，使用者可根据自己的需要借助实验室向导工具创造出新的模拟实验。Chemlab 适合于进行有时间限制或化学实验中有毒、有危险或难以演示的实验，利用他可以对实验仿真，能克服真实实验中的危险性，避免有毒有害物质对身体的损害和冗长的实验过程，节省真实实验的仪器、物料和能量的耗损。利用 Chemlab 预置的实验和向导工具能较好地培养学习者的观察能力、动手能力和创造力，能让学习者自如地使用和创造新实验，加强对实验操作和未知事物的认识和思考。

4. Z+Z 智能教育平台

Z+Z 智能教育平台是我国自主开发的一个把不同的学科工具整合在一起的综合教育平台，它包括平面几何、立体几何、解析几何、三角函数、初中代数、高中代数、初中化学、高中化学、初中物理等平台。教师可用它备课、讲课、制作课件、指导学习者课外活动和进修，学习者可用它预习和复习。

Z+Z 智能教育平台功能强大、操作界面友好、简单、制作课件易学好用。详细功能和使用方法这里不作详细介绍，可登录 http://www.zplusz.org/网站进行学习。

模块三

系统应用

第八章

多媒体教学环境应用实验室

随着科学技术的发展，常规视听媒体和现代教学媒体借助信息技术的发展并通过多种形式的结合，形成了多传播通道的信息呈现方式和手段，优化传递和呈现信息的手段和方法，使之获得更好的效果。本章主要对多媒体讲台环境、网络教学环境、交互电子白板（IWB）环境、平板电脑学习环境等教学环境的教学功能进行介绍。

通过本章的学习，你能够学到以下几个知识点。

1）掌握各种教学系统与环境的基本组成、特点及原理。

2）理解各种教学系统与环境的教学功能。

3）掌握各种教学系统关键设备的操作使用。

第一节　多媒体讲台环境

多媒体讲台环境是指常见的多媒体教室、多媒体会议室等。多媒体综合教室又称多媒体教室、多功能教室，是根据教学需要，将各种现代化教学媒体有机结合配置，能实现一定教学功能的专门教室。

一、系统构成

（一）媒体构成

标准的多媒体讲台环境中一般都有如下配置：①显示设备，如投影机（幕布）、平板电视、互式电子白板等；②多媒体计算机、视频展示台、功放机、调音台、音箱、话筒（有线、无线）、集成控制系统（中控软件、中控主机、手控面板）；③供教师教学使用的组合讲台等，老旧的多媒体讲台环境可能还包括视音频设备，如影碟机、录像机、录音卡座调音台、音箱等。其实物配置如图 8-1 所示。

图 8-1　多媒体教学系统实验室

（二）控制构成

多媒体讲台环境的主要功能是按照使用者的需要，控制音视频信号的输出，因为在此环境中，会有多路的音视频信号输出，而显示设备和音箱只能在同一时刻接受一路信号输入，所以需要控制信号的输入与输出，控制由中央控制器（简称中控）完成，多媒体讲台环境的控制原理是：计算机、DVD、视频展示台等设备输出多路音视频信号到中控中，中控按照使用者选择的信号源输出单路的音频或视频信号，并把信号输入到显示设备（如投影或电视）与音箱设备中，如图 8-2 所示。

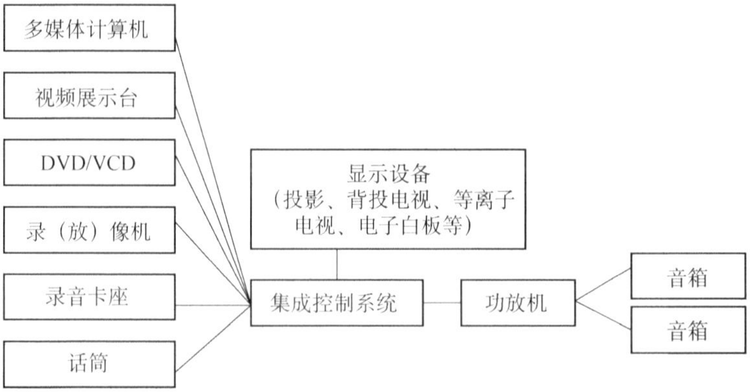

图 8-2　多媒体讲台环境设备控制示意图

二、技能训练

（一）设备操作

现代多媒体讲台环境的操作方法会因中控厂家的不同而有所差异，但为了方便用户，操作都变得越来越简单，许多设备的启动一般都有一键开机的功能，你只需按下开机键之后，所有的设备都会通电开启，主要的操作是在不同设备之间信号的切换而已，下面我们从开机并显示电脑音视频信号，并在此状态下切换到视频展示台，显示展台信号，最后关闭设备这一过程介绍此环境中比较通用的系统开启操作步骤：①按下开机键（有些设备可能还需要按下“投影开”），两三分钟之后，计算机、投影、中控、功放机等设备就会自动开启（有些时候电脑可能需要手动开启），此时，投影一般正常显示电脑信号；②手动开启视频展台电源，打开镜头盖，打开展台灯光等；③按下中控控制台上视频展台键（有些系统是视频 1、视频 2 等），切换信号到展台。

关闭系统的步骤如下：①关闭电脑、展台等设备；②按下“投影关”，关闭投影设备；③按下关机键，关闭整个系统。

（二）教学运用

多媒体讲台环境，能进行各种各样的多媒体组合课堂教学活动，其教学功能主要有：①可以演示各类光学投影媒体；②具备有线和无线扩音系统，能现场录音；③可以播放电视录像节目；④可以播放 DVD 等数字音像资料；⑤可以播放文字、图片、实物等资料；⑥可以呈现多媒体计算机上的资料；⑦有统一控制各种媒体的电子组合讲台；⑧能与校园网相连，实现资源共享；⑨具有手动控制和电子遥控功能；⑩具有记录储存、远程观摩和监控功能；⑪具有考试及分析功能。

三、训练评价

多媒体讲台环境的操作评价标准如表 8-1 所示。

表 8-1　多媒体讲台环境的操作评价标准

指标项		标准
结构指标	单项指标	
基本操作（50 分）	系统认识（10 分）	熟悉系统各设备、装置的用途
	开启与关闭系统（10 分）	能正确操作开启与关闭系统
	信号选择（5 分）	能正确选择所需呈现的媒体信号
	信号切换（10 分）	能熟练切换信号到大屏幕或监视器
	声音控制（10 分）	能正确播放所选媒体的音频信号，并调整音量合适
	屏幕升降（5 分）	正确操作放映屏幕的下降、上升、停止
使用技能（30 分）	媒体呈现（10 分）	能正确播放各种媒体信号，保证声画同步
	控制方式（15 分）	能正确操作软件控制和手控面板控制
	展台调整（5 分）	聚焦清晰，画面大小合适，冻结窗口等
综合运用（15 分）	与学科教学结合的运用（15 分）	能在教学中流畅运用各类媒体
用后工作（5 分）	整理（5 分）	按实训前的要求，将设备摆放好； 等待投影机散热后，关闭总电源

第二节　网络教学环境

网络教学环境即多媒体网络教室，也称网络化多媒体教室，它是集普通的计算机机房、语音室、视听室、多媒体演示室等功能于一体，利用现代网络技术和多媒体技术将若干台多媒体计算机及相关的网络设备互联而成的小型教学网络。它为提高教学质量，建构协作化学习环境创造了良好的技术基础。

一、系统构成

（一）媒体构成

网络教学环境的软硬件组成主要有：服务器、交换机（或路由器）、教师端计算机、学生端计算机、多媒体教学系统等。这些设备集成在一起，形成一套功能齐全的视听型多媒体计算机网络教学系统，还可接入校园网或因特网。图 8-3 是基于 Web 的多媒体网络教室的拓扑结构图。

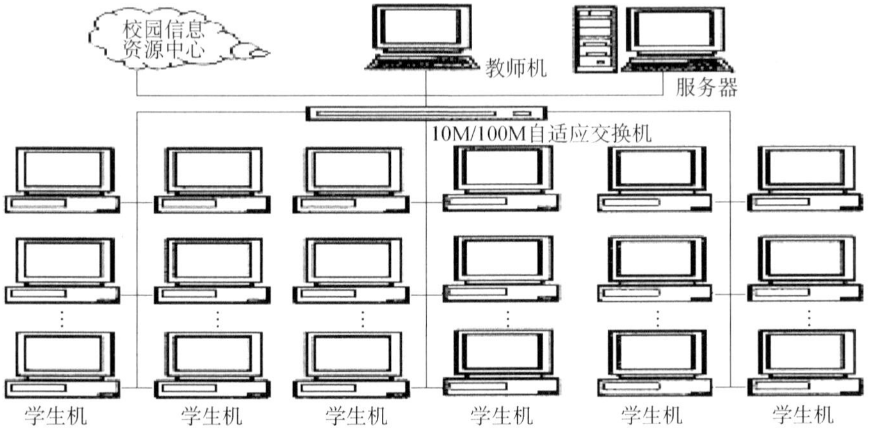

图 8-3　基于 Web 的多媒体网络教室的拓扑结构图

一般来说，多媒体网络教室具备以下基本功能。

1. 实时广播教学功能

教师可以将屏幕内容或讲话声音传递给全体学生、部分学生或单个学生。实时广播包括屏幕广播和声音广播。屏幕广播不仅在一定程度上发挥黑板的作用，还可以插入各种精美图片、音视频动画和图像，丰富了黑板的功能，提高课堂教学效果；声音广播则使网络教室增添了语音教学功能。

2. 示范功能

教师可以将指定学生的屏幕、话音及声音广播给全体、部分或个别学生进行示范。

3. 远程遥控功能

教师可以根据教学需要，要求学生机远程执行某种命令，达到相应的控制效果，如对学生机进行锁定、解锁或开机、关机等。

4. 学习监督功能

教师可以在自己机器上观看和检查网络上全体学生、某个小组学生或个别学生的屏幕信息。监督功能不影响被监督者正在进行的操作，也不会被察觉。

5. 分组讨论功能

教师可以对教室内的学生进行任意分组，每个小组的学生通过文字、语音、电子白板进行交流，教师可随时加入任意小组，并参与讨论，小组内允许多个学生同时交谈。

6. 电子举手功能

学生有问题提出或需要帮助时，可以按功能键进行电子举手。

7. 在线交流功能

教师和学生、学生和学生、在网上的任一用户，可以相互交流信息。交流时，在双方的屏幕上将出现交谈的窗口，显示收、发双方的信息。

8. 学籍管理功能

教师可以对学生的姓名、学号、班级、年龄等学籍信息进行管理并显示在屏幕上。

9. 联机考试功能

教师运用此功能时，可以先指定一个正确答案，再通过屏幕或声音将试题发送给学生，学生按 A、B、C、D 键回答，收卷后电脑立即自动批卷，教师可以即时了解学生对所学知识的掌握情况，从而对教学效果做出正确的评估。

（二）控制构成

现代网络教学环境是使用交换机或路由器把学生机、教师机与服务器连接在一起的一个小型网络系统，系统连接校园网或因特网，学生机与教师机其实都是普通的计算机，只是根据需要教师机上安装了电子教室教师控制端软件，而学生机则安装了学生端软件，教师机使用控制端软件发起网络指令，指令被封装成标准 TCP/IP 协议包，通过网络传送到相应学生端，进而控制所连接的所有学生机，可以操作学生机关机、开机、屏幕广播、视频广播、控制学生端软件、收发文件等；服务器根据用途不同，安装有不同的服务，如 HTTP、DHCP、FTP 服务等。

二、技能训练

（一）设备操作

网络教学环境系统的加电开启顺序、内容如图 8-4 所示。

图 8-4 网络教室开启顺序

使用电子教室软件，包括教师端与学生端的使用。

教师端主要操作包括：①进行屏幕广播教学；②监控学生机桌面；③进行音视频的广播；④电子点名；⑤关闭或打开学生机程序；⑥收发文件；⑦在线测试；⑧黑屏、重启或关闭学生端计算机。

学生端主要操作包括：①电子签到；②收发文件；③电子举手；④观看教师端广播教学或音视频文件。

（二）教学运用

利用多媒体网络教室可以有效地完成多种教学任务，其应用形式主要有以下几种。

1. 多媒体教学

在教学过程中，图、文、声、像、动画等表达的教学信息，可以激发学生的兴趣，提高教学效率和质量。在网络教室中，可以方便地将各种媒体符号信息集成在一起，开展多媒体课堂教学。甚至可以把其他学校的直播课堂或网络学习资源直接引入课堂，极大地丰富了教学资源，有效地解决了一般教室上课信息单一、静止化的问题。

2. 课件开发与资源共享

教师开发与制作多媒体教学课件经常会遇到两个问题：一是资料缺乏；二是文件较大不易存储、拷贝和移动。网络教室可以较好地解决这两个问题。其一，网络教室中的资源库可以为教师提供丰富的教学资源与素材，教师在开发制作多媒体课件时随时可以借鉴或调用；其二，教师可以把自己做好的课件直接存入资源库中供上课时调用，这样既解决了磁盘装不下、不便于移动的问题，又丰富了教学资源库，为教师之间的交流共享提供了途径；其三，在网络教室里备课还可以实现资源的高度共享。例如，若学校只买一套光盘，一般只能供一个教师使用，有了网络教室后，就可以将这些资源存入到教师机或服务器供多个教师同时使用。

3. 多种形式、方便的教学活动

多媒体网络教室可以为学生学习提供一个更加开放的资源及平台，促进多种形式教学活动的开展。师生之间可以充分利用屏幕广播、学生示范、屏幕监视、遥控辅导、电子举手等多媒体网络教室具有的功能开展多种形式、方便的教学活动。

4. 网上练习与测试

教师可以通过网络教室为学生提供课堂练习或进行考试，既可避免打印、发放试卷的麻烦，又可以及时了解学生答题情况，甚至可以当场完成试卷评判，免于收试卷和手动批改试卷，大大提高了工作效率。

三、训练评价

网络教学环境操作评价标准如表 8-2 所示。

表 8-2　网络教学环境操作评价标准

指标项		标准
结构指标	单项指标	
基本操作（40 分）	系统认识（8 分）	熟悉系统各设备、装置的用途
	开启服务器，教师机（10 分）	能按正常顺序开启
	启动电子教室软件唤醒学生机（12 分）	能正确启动电子教学软件，网络唤醒学生机
	监控登陆的学生机状态（10 分）	能熟悉使用软件监控学生机登录状态
使用技能（50 分）	屏幕广播（10 分）	能按需求屏幕广播

续表

指标项		标准
结构指标	单项指标	
	电子点名（10 分） 以收发文件（10 分） 监控学生端桌面、程序、系统（20 分）	能正确电子点名并保存点名结果 能正确向学生机收发文件 能进行按需求监控、控制单个或多个学生机
用后工作（10 分）	网络关闭学生机，关闭系统（10 分）	按正确方法网络关闭单台多台学生机，正确关闭教师机，服务器等

第三节　交互式电子白板

交互式电子白板可以与电脑进行信息通信，将电子白板连接到计算机，并利用投影机将计算机上的内容投影到电子白板屏幕上，在专门的应用程序的支持下，可以构造一个大屏幕、交互式的协作会议或教学环境。利用特定的定位笔代替鼠标在白板上进行操作，可以运行任何应用程序，可以对文件进行编辑、注释、保存等，在计算机上利用键盘及鼠标可以实现的任何操作。

一、系统构成

（一）媒体构成

一般来说，我们所说的交互式电子白板，不仅仅只是一块电子白板，它还包括超短焦投影仪、安装在计算机上的电子白板软件，智能笔等，如图 8-5 所示。

图 8-5　交互式电子白板

交互式电子白板软件除了控制电子白板以外，一般还包括一系列的多学科资源，如物理化学实验仪器图、数学化学特殊符号等，如图 8-6 所示。

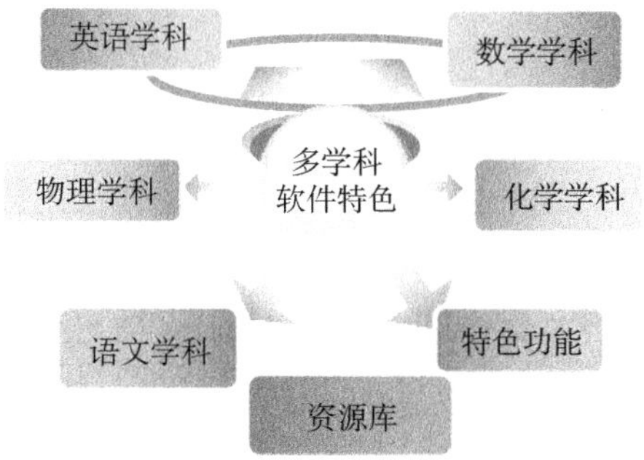

图 8-6 交互式电子白板的多学科软件特色

（二）控制构成

常见的交互式电子白板一般采用红外阵列扫描感应技术来定位，通过电子白板软件使其与投影机、计算机配合使用，让交互式电子白板可以成为大型的书写屏，对投射到白板上的任何画面，可用书写笔和手指直接在电子白板上书写、触摸，如图 8-7 所示。

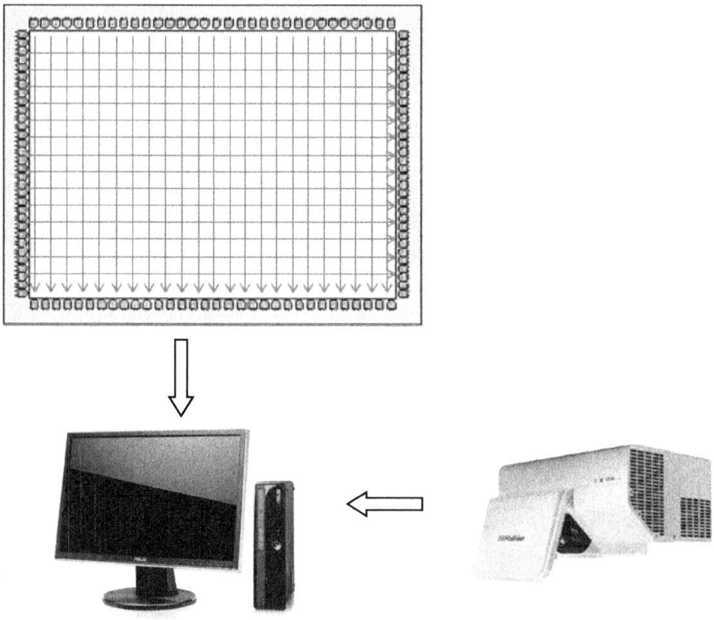

图 8-7 红外阵列扫描感应技术定位

二、技能训练

（一）设备操作

交互式电子白板除了系统的开机关机以外，主要的操作有以下三个方面。

1. 白板页面

白板页面状态下的电子白板相当于一块神奇的黑板，教师既可以用他来实现传统黑板的各项原有功能，更可以调用电子白板提供的众多增强功能，特别是调用计算机中以多种格式存储的大量资源，进而实现各类资源、各项功能、各种活动之间的交互。

2. 计算机界面

多媒体设备（电子白板、展台、投影机、音响等）提供了在电子白板上可以实现所有多媒体计算机及其网络的原有功能。这时，电子白板相当于一块硕大的计算机显示屏板。

3. 屏幕批注页面

屏幕批注页面即透明页状态，在此状态下可以实现鼠标和笔的无缝切换，用户可以操作计算机任意界面，也可以在此页面上进行书写批注，并能够实现对 PPT、Word、Excel 等 Office 文档的批注。

以上前两个方面的操作都非常简单，难点在于白板页面的操作，以下我们简要介绍一下白板页面操作的几个主要方面。

1）交互式电子白板可以输入不同学科的特殊图形、符号，如数学符号的输入可以选择数学符号输入面板，如图 8-8 如示。

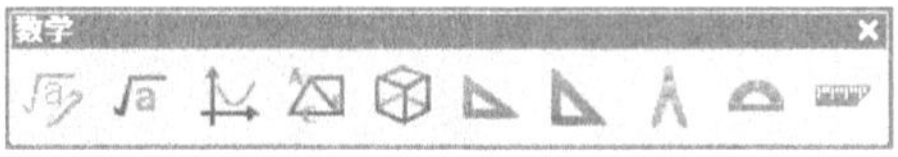

图 8-8　交互式电子白板的数学符号输入面板

2）可以在白板互动软件中输入包括印刷体格式编排代数公式功能（如数学公式中各种类型的求和表达式等），或者可以直接用智能笔或直接用手输入，白板会自动识别，如图 8-9 所示。

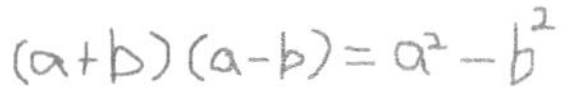

$(a+b)(a-b)=a^2-b^2$

图 8-9　交互式电子白板自动识别公式

3）除数学以外，还可以输入其他学科的内容，如几何、化学、物理等，如图 8-10 所示。

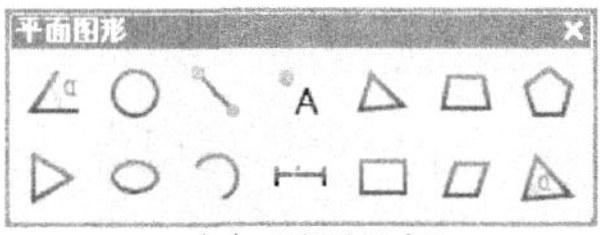

（a）平面几何

（b）立体几何

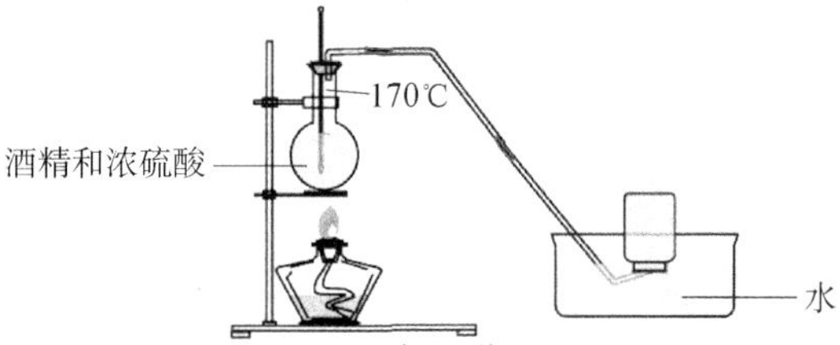

（c）化学

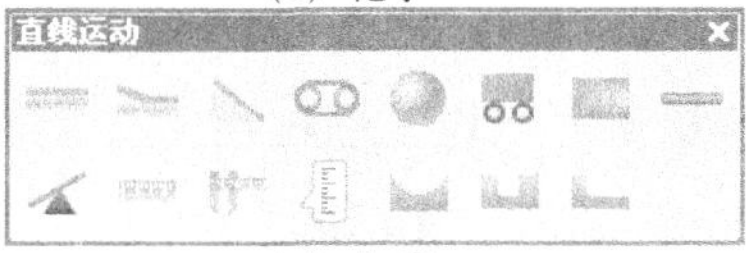

（d）物理

图 8-10　交互式电子白板的其他学科教学资源

（二）教学运用

1. 书写

教师用书写笔和手指均能直接在显示屏幕上进行书写、绘图等，将教师的演讲和授课的板书内容实时原迹呈现。

2. 批注

可以在各类流行的文件上直接进行批注或对演示文件进行操作，如 PPT、Word、Execl、AVI、MEPG、JPEG 等。学生不需要做笔记，老师所做的课堂板书或在课件上的标注直接保存下来，分享给学生。

3. 交互

师生可以通过网络，在异地通过交互式电子白板系统，共享数据和实时板书，就如同在同一地点进行教学；与 Polycom 等视像会议系统结合，可以使视像会议系统，升级为包含数据和手写板书的全面会议系统，有效地开展网络教学和远程教学。

4. 触摸

交互式电子白板在工作状态下，同时也是一台高精度的触摸交互白板，可以用手指或普通教鞭取代鼠标，方便地进行点击、拖曳等动作，轻松完成各项操作。交互式电子白板使教师的操作更直接，在一些计算机课程或操作性教学中，让学生更容易观察教师对计算机或软件的操作。

三、训练评价

交互式电子白板操作评价标准如表 8-3 所示。

表 8-3　交互式电子白板操作评价标准

指标项		标准
结构指标	单项指标	
基本操作（50 分）	系统认识（5 分）	熟悉系统各设备、装置的用途
	开启与关闭系统（10 分）	能正确操作开启与关闭系统
	从白板启动电子白板程序，从白板操作电脑（3 分）	能正确选择电板程序
	新建空白页，有色页，有背景页（10 分）	能熟练切换信号到大屏幕或监视器
	各类笔触的使用（12 分）	能正确选择各类笔触，及其大小和颜色等
	清除屏幕的方法（5 分）	正确使用各类屏幕内容的清除方法
	插入图片、音视频（5 分）	能正确页面中插入各类图片，音视频，并正常播放
使用技能（30 分）	使用白板的资源库插入各学科符号，图片（10 分）	能正确按需插入各类学科符号、图片等
	使用图形绘制工具绘制各类图形，如正弦图等（10 分）	能正确使用绘图工具
	使用白板打开各类文件，如 Word，PPT 等，并加标注后保存（10 分）	能为各类电子文档标注，并保存标注后的文件
综合运用（15 分）	与学科教学结合的运用（15 分）	能在教学中流畅运用各类媒体
用后工作（5 分）	整理（5 分）	正常关闭系统设备

本章小结

本章主要介绍了多媒体综合教室、多媒体网络教室、交互电子白板环境等系统的基本组成、特点、基本原理及操作方法。

多媒体教室是根据教学需要，将各种现代化教学媒体有机结合配置，能实现一定教学功能的专门教室。教师在使用多媒体教学系统时要了解多媒体教学系统的组成，懂得系统设备的特性，掌握正确的设备操作方法，才能更好地发挥多媒体教学系统的优势和作用。

多媒体网络教室集普通的计算机机房、语音室、视听室、多媒体演示室等功能于一体，利用现代网络技术和多媒体技术将若干台多媒体计算机及相关的网络设备互联而成的小型教学网络。他具有自身的特有功能，教师可以利用多媒体机房进行多媒体教学课件开发与资源共享、多种形式的教学活动、网上练习与测试等。

交互电子白板是电子感应白板及感应笔等附件（硬件）与白板操作系统（软件）的集成。它融合了计算机技术、微电子技术与电子通信技术，成为计算机的一种输入输出设备，成为人与计算机进行交互的智能平台，可实现无纸化办公及教学。

实训　多媒体教学系统应用

一、实训目的

1）了解多媒体教学系统设备的基本组成。

2）知道系统设备之间的连接与信号流程。

3）掌握系统各设备的使用方法。

4）熟练播放各种媒体信号。

二、实训器材

显示设备（电视机、背投电视、投影机、交互式电子白板等）；展示台（视频、数字）；多媒体电脑；音视频设备（卡座、话筒、功放、音箱等）；集成控制系统（控制主机、控制面板、控制软件）。

三、实训步骤

（一）系统开启

1）阅读系统设备的使用说明书，了解各部分的结构和功能，了解各设备的连接线与信号流程。

2）按下“开机”键（有些设备可能还需要按下“投影机开”），两三分钟后，计算机、投影、中控、功放等设备就会自动开启（有些时候计算机可能需要手动开启），此时，投影一般正常显示电脑信号。

3）手动开启视频展台电源，打开镜头盖，打开展台灯光等；

4）按下中控控制台上视频展台键（有些系统是视频1、视频2等），切换信号到展台，展台的主要功能如下：①臂灯。臂灯亮，使用文字、图片、实物等资料时用此光源。②底灯。底灯亮，使用透明胶片时使用此光源。③输入选择。本机输出信号使用“摄像机”，AV1、AV2两路音视频和一路VGA可以外接信号（接至机器后面板的接口），这样展示台可以输出其他信号。④亮度。“+”“–”键可以调节画面亮度（只是微调）。⑤摄像头复位。与亮度“+”键配和使用，可以将摄像头的指标或状态恢复到原出厂时的标准。⑥变焦。有“移远”和“移近”键，可以控制摄像机的变焦镜头，改变拍摄范围大小，实现全景至特写、特写至全景的画面效果。⑦正负片。实现正负像的转换，如用负像的功能，可以将底片的正像效果输出至大屏幕；⑧彩色/黑白。可以实现彩色图像与黑白图像的转换。⑨冻结。可以提供静止稳定图像（按下此键，信号输出来源于机内的存储器，摄像机的功能不起作用，变焦、正负片转换、彩色/黑白转换等均被锁定）。⑩镜头盖、臂灯收放、Unlock卡锁等。

5）系统一些主要按键的功能如下：①按下“主音量”放大、减小和静音键调整音量大小；②按下“话筒”放大、减小按键调整话筒音量大小；③按下“屏幕”“升降”键，放下电动幕。

（二）系统关闭

首先，关闭计算机、展台等设备；其次按“投影机控制”上的“电源关”键，这时投影机散热，等待两分钟左右，才能按下“关机”或“下课”键，关闭整个系统。

四、考核要求

考核指标，如表 8-1 所示。

【拓展阅读】智慧教室[①]

智慧教室是数字教室和未来教室的一种形式。智慧教室是一种新型的教育形式和现代化教学手段，基于物联网技术集智慧教学、人员考勤、资产管理、环境智慧调节、视频监控及远程控制于一体的新型现代化智慧教室系统，是推进未来学校建设的有效组成部分。

智慧教室设备能够体现物联网的三个层次（应用层、网络层、感知层），运用传感器、射频识别（RFID）等技术，使信息传感设备实时感知任何需要的信息，按照约定的协议，通过可能的网络（如基于 wifi 的无线局域网、移动通信、电信网等）接入方式，把任何物品与互联网相连接，进行信息交换和通信，实现物与物、物与人的泛在链接，实现对物品的智慧化识别、跟踪、监控和管理。同时，智慧教室还能满足学校物联网技术专业开设的物联网导论、传感器原理及应用、无线传感器网络及应用、RFID 技术及应用、物联网工程及应用、物联网标准与中间件技术、物联网应用系统设计等课程的实践实训教学需要，并为学生或教师的物联网技术应用项目开发提供平台。

使学生通过智慧教室实验平台，能掌握物联网技术基础理论、物理信息系统标识与感知、计算机网络理论与技术和数据分析与信息处理技术等知识，具备通信技术、网络技术、传感技术等信息领域宽广专业知识，具备一定的工程应用系统的开发、实践能力和科学研究能力。

① 摘自百度百科. http://baike.baidu.com/link?url=6e9ypoGfZ3exbi-pNUneqEi7L4ke6X9M03LXqPZpEO9wMNGHXvRdMryjm67CbuEw05aRAnmDcDhlzlCZddgQyRTeFTUdY5IMJTEJp6rl1CMeNRFXCmlxuAmvWa8GC58e.

第九章

课堂组织与管理训练实验室

随着多媒体技术的发展，很多现代化的教学设备都陆续进入校园，如全自动高清录播教室和微格教室。微格教室的建设主要目的是利用微格教学法来对年轻教师或者师范学生进行教学的授课技能培训，通过对受训者模拟演讲场景的录制，来了解其在教学上课过程中的不足，并做出相对应的改进直至完全接受了这个技能；而全自动高清录播教室虽然也是对课堂场景的录制，但是区别于微格教室的是录播教室是对正在进行的课堂场景录制，并且别人可以通过在其他网络平台上进行直点播的收看，录播教室的目的是为学校丰富教学资源，方便学校教学调研。

通过本章的学习，你能够学到以下几个知识点。

1）掌握微格教室和全自动高清录播教室的基本组成、特点及原理。

2）理解微格教室和全自动高清录播教室的教学功能和区别。

3）掌握微格教室和全自动高清录播教室的操作使用。

第一节 微格教室

一、微格教室的概念

微格教学（microteaching）也可称为“微型教学”或“微观教学”，是以现代教育理论为基础，利用先进的媒体及信息技术，依据反馈原理和教学评价理论，分阶段系统培训教学技能的活动。它是利用“微型课堂”对“微型内容”进行“微型课程”的教学实践活动过程，通过“微型”的教学实践，并结合现代教育技术手段在教师指导下，由教学实践对象（师范院校学生或在职教师）分别模拟学生和实习教师，掌握教学技能的一种系统训练方法。这种训练方法已在师范院校和师资培训中广泛使用。微格教学有以下特点：①由少数模拟学生（3～10 人）组成一个“微型课堂”；②把教学技能分解为若干个环节，实习教师根据训练目标，选择一小段“微型教学内容”进行教学设计并编写教案；③实习教师利用较短的时间（3～10 分钟）进行一段“微型课程”的教学实践；④在实践过程中，以视频的方式把实践过程记录并保存下来；⑤重放已记录的视频，供指导教师、实习教师或模拟学生共同分析评价，以此来帮助学生提高和改善教学技术。

二、微格教学系统的构成

在微格教学过程中，把教学活动过程以视频的方式记录下来是微格教学系统最关键的部分，其设备系统总体可以分为微格教室和微格控制室，国内微格教学系统厂商有很多家，设备参数和附加功能会有不同，但总的来说，主要的设置和原理其实没有多大区别，下面我们分别来看一下微格教室与控制室系统的构成有哪些。

（一）微格控制室

微格控制室系统设置一般有：大屏幕电视（监视器）或电视墙、视频服务器、数字录像机、广播话筒等设备，如图 9-1、图 9-2 所示。

其中电视的功能是监控显示各微格教室教学实录的情况及显示当前系统的各项状态，视频服务器及数字录像机是整个微格教学系统的核心设备，微格教学系统最关键的教学实录及回放全靠它们来完成，而广播话筒主要起到的作用是将教师的声音传到单间或全部微格教室中去，除了上述设备以外，现代的微格控制室一般还会增加一台计算机，其作用相当于教师主机，上面会安装一些如极域电子教室之类的软件，增加教师对微格教室学生端电脑的控制及与学生网络互动功能，如收发电子作业、课件、控制学生电脑开关机等。

图 9-1　微格教学系统控制室

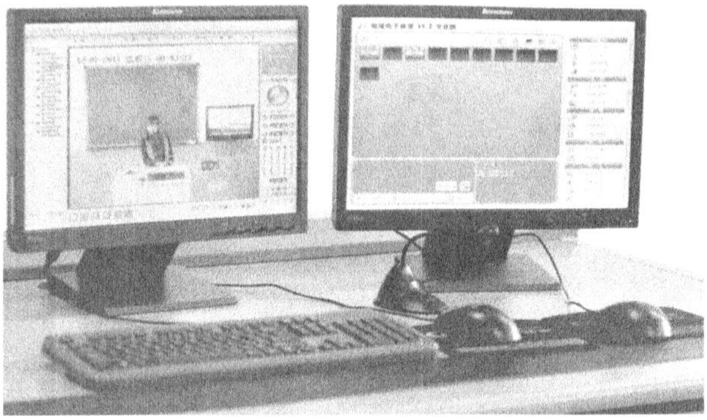

图 9-2　微格教学系统控制室的视频服务器及教师机电脑桌面

（二）微格教室

微格教室一般包括若干间教室，每间的设备配置、功能一致，可以理解为配置了摄像机（其功能主要是微格实践的记录）的小型简易多媒体教室，因此也可称为“微型教室”。在微格教室里一般设有麦克风、音箱、摄像机、电视机（投影或电子白板）、多媒体计算机等设备，如图 9-3 所示。

其中，麦克风用来记录微格教室中的声音信号，包括学生微格实践信号及与指导教师互动时的声音信号，而摄像机则记录视频信号。电视机（或投影）连接计算机，微格实践的学生可以使用计算机来演示课件和其他数字教学材料，连接视频服务器下载、重放已记录的教学视频，或其他教学视频供分析评价学习；音箱除播放计算机上的音视频文件的声音以外，还可以及时播放控制室指导教师对微格实践的点评。另外，需要说明的是，以往的微格教学系统会包括有观摩教室，而现代的微格教学系统其实已具备了观摩教室的功能，指导教学可以在控制室教师端播放观摩视频，使用电子教室软件广播到一间或多间微格教室，学生可以在微格教室同步观看。

图 9-3 学生正在进行微格教学实践

三、微格教学系统原理

在本节第二部分分别介绍了微格控制室及微格教室的系统设置组成，但实际上，这些设置都是连接在一起的，是一个整体。总的来说，微格教学系统有两个最核心的功能，一是记录微格教学实践过程，二是回放。如图 9-4 所示（仅展示了一间微格与控制的连接），我们可以简单地了解到记录的原理：在实践微格教学当中，麦克风和摄像机分别将音频与视频信号传输到数字录像机中，数字录像机对这两路信号进行采集，并重新编码后将视音频信号传输给视频服务器，视频服务器负责把信号以一定的格式存储在本地硬盘上。

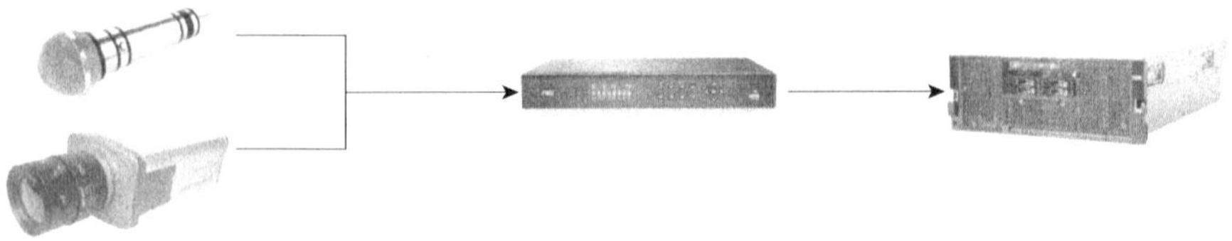

图 9-4　微格教学的原理图

回放的原理如图 9-5 所示，当实践教学结束之后，学生可以从微格教室计算机网络连接到控制室的视频服务器上，把视频下载到本地后播放（或带走）；另一方面，指导教师也可以用“电子教室”类的广播软件，在本地播放视频之后广播到微格教室计算机上。

图 9-5　微格教学回放原理

四、技能训练

（一）设备操作

现代微格教学系统集成度越来越高，设备的操作因此而越来越简单，设备操作主要有微格教室操作及控制室操作两项内容。其中，微格教室一般是教学实践学生端，需要操作的内容不是很多，一般有以下几个步骤：①打开总电源，使所有设备通电；②打开计算机；③打开电视，并调整频道置于VGA（完成以上步骤之后，就可以在指导教师的安排下准备进行微格教学实践）；④合作计算机播放课件等教学资料；⑤连接视频服务器下载录制视频并回放。

微格教学控制室的操作，涉及实践教学的录制、语音广播、“电子教室”类软件的使用等。首先我们来了解下如何操作设备来进行微格实践的录制步骤：①打开总电源；②打开视频服务器与教师机；③打开监控电视；④打开视频服务器上的视频录制软件；⑤唤醒每间微格教室的视频终端设置；⑥点击录制按钮，开始微格教学视频录制。录制过程中可以使用“电子教室”类软件监控每间微格教室电脑桌面，使用语音广播来与学生交流、点评，使用屏幕广播来展示教师机上的教学资料，使用视频播放功能播放观摩材料等等。

（二）教学运用

实施微格教学包括如下几个步骤。

1. 确定训练目标

通过训练要使教学实践对象了解每一项教学技能的理论和方法，掌握各个技能的执行程序和实施要求，通过多次实践、评价、修改，使技能趋于完善，并通过综合训练，形成课堂教学能力。

2. 学习和研究教学技能

在微格教学实践前，应先组织教学实践对象对各项教学技能的有关理论、方法、程序、实施要求进行学习研究，为教学设计和实践打下基础。

3. 观摩示范材料

通过播放某项教学技能的示范性音像资料，或一些优秀教师的课例实况录像，使教学实践对象对教学技能的事实、观念、过程、操作程序有形象化的了解，让教学实践对象获得不同风格的教学技能模仿的样板，使训练目标和要求更加具体化。

4. 编写微格教学教案

编写教案能使教学实践对象更规范、有效地掌握教学技能。教案的具体内容通常包括：教学目标、时间分配、教师教学活动行为、设想的学生学习行为、计划应用的主要教学技能等。

5. 微格教学实践

首先，组成微型课堂。微型课堂由实习教师、模拟学生、指导教师、评价人员（可由其他指导教师和学生担任）和操作摄录设备的技术人员组成。其次，在上微型课之前，指导教师要做一简短说明，使教学实践对象明确所训练的技能、教学内容、教学设计思想和所要达到的目标。最后，在微型课堂上由实习教师进行一段教学内容的教学，实践一两项教学技能，时间一般为10分钟以内。

6. 声像记录

在实践过程中，将实习教师的教学行为和模拟学生的学习行为进行记录，以便能及时准确地反馈。在没有上述条件时，也可以用录音、照相、文字记录等方法。在条件较好的学校，可以将微格教室的信号实况传送到观摩教室，以便其他更多的学生观看学习。

7. 重播录像，自我分析

实践完成后要重播录像，使教学实践对象都以“第三者”的身份观察自己的教学行为和学习行为，找出不足。实习教师看过自己的实践录像后，要进行自我分析，检查实践过程是否按教学设计进行、是否达到了预定目标。

8. 讨论评价，修改教案

指导教师、评价人员、模拟学生和实习教师要从各自的立场来评价实践过程，有不同看法时可以重放录像，帮助形成较为统一的意见。评价人员要根据自己的判断填写评价表，给出具体结论。

一般来讲，微格教学的评价应以总结优点为主，使教学实践对象树立自信心，当然也要提出不足和努力方向，以便其改进。

9. 再实践

经过评价，已达到基本要求的实习教师可进入下一技能的学习，实践新的教学技能。未达到要求的则需重新编写教案，准备再实践。

（三）微格教学训练的内容

利用微格教学系统进行课堂教学技能的训练，一般可包括如下基本内容。

1. 课堂导入技能的训练

课堂导入是教师在一个新的教学内容或活动开始时，引导学生进入学习的行为方式。利用微格教学系统可将导入技能分为开门见山直接导入、利用旧知识导入、利用直观演示导入、巧设实例导入、利用生动故事导入等多项不同技巧进行训练。

2. 变化技能的训练

变化技能是教师利用对学生不同刺激的变化来组织学生的注意力。变化技能有三种类型，即教态的变化、教学媒体的变化和师生相互作用方式的变化。

3. 讲解技能的训练

利用微格教学系统可将讲解技能根据教学内容的不同，分为描述性讲解、描绘性讲解、论证性讲解、启发性讲解、归纳性讲解、演义性讲解等多种技巧进行训练。

4. 板书板画技能的训练

利用微格教学系统可将板书板画技能分为提纲式板书、语句式板书、表格式板书、线性式板书、图示式板书、简笔画、示意图绘画等技巧进行训练。

5. 演示技能的训练

利用微格教学系统可将课堂教学中的演示技能分为实物、标本、模型的演示，挂图的演示、现代教学媒体的演示、课堂实验演示等技巧进行训练。

6. 提问技能的训练

利用微格教学系统可将课堂教学中的提问技能分为回忆性提问、理解性提问、知识运用性提问、分析性提问、综合性提问和评价性提问等技巧进行训练。

7. 反馈、强化技能的训练

利用微格教学系统可将课堂教学中教师获得反馈信息的技能分为课堂观察法、课堂提问法、课堂考查法、操作实践法等技巧，而进行强化的技能则可分为语言强化、符号（标志）强化、动作强化、活动强化等技巧进行训练。

8. 结束教学技能的训练

利用微格教学系统可将结束教学技能分为归纳式、活动式、比较式、练习式、拓展延伸式等多种技巧进行训练。

9. 组织教学技能的训练

组织教学技能是教师在课堂教学中组织学生的注意、管理纪律、引导学习、建立和谐的教学环境、促进学生进行学习的行为方式。利用微格教学系统可将组织教学技能分为管理性组织、指导性组织、诱导性组织等多种不同类型技巧进行训练。

五、训练评价

微格教室的操作的评价标准如表 9-1 所示。

表 9-1　微格教室的操作评价标准

指标项		标准
结构指标	单项指标	
基本操作（50 分）	系统认识（8 分）	熟悉系统各设备、装置的用途
	开启与关闭系统（10 分）	能正确操作开启与关闭系统
	信号控制与选择（10 分）	能正确选择所需控制的小微格教室信号
	信号切换（10 分）	能熟练切换各微格教室信号到屏幕或监视器
	声音控制（4 分）	能正确调整所选微格教室的音频信号，并调整音量合适
	录像与放像（8 分）	正确操作录像机进行录像和放像
使用技能（40 分）	摄像机调整（15 分）	能正确调整摄像机的焦距、光圈和变焦，保证图像效果
	摄像机控制（15 分）	能正确操作控制摄像机的推拉或各方向摇动
	通话交流（10 分）	能正确进行全体广播和个别通话交流
用后工作（10 分）	整理（10 分）	按实训前的要求，将设备摆放好；退出系统后，关闭总电源

第二节　全自动高清录播教室

全自动高清录播教室的功能看起来和第一节中的微格教室类似，表面看起来都是把教学实践过程录制下来，但是两者却有着本质的区别。

首先，用途不同。微格教室主要是课堂教学技能的训练，同时把训练的过程录制下来，以供训练者和指导老师分析教学中存在的问题并因此做出改进；而全自动高清录播教室，是把优秀教师的课堂教学过程录制下来。

其次，室内装修要求与配置的设备参数要求不同。由于用途不同，全自动高清录播教室需要更专业的室内装修，为了录制完美的声画，室内四周需要安装吸音材料并且安装合适色温的灯光，录制下来的视频为高清信号，所以需要更多设备和更高的设备参数，使效果更加出色，以备后期进一步编辑。

最后，功能不同。录播教室在录制视频方面有着更强大的功能，它不像微格教室以教学训练为主，一般只有一两个机位拍摄实践的学生，机位也一般比较固定；而全自动高清录播教室有着三个以上的机位，可以对上课过程全方位的拍摄，所有摄像机可以根据安装在教室周围的图像传感器，并以图像跟踪算法全方位跟踪拍摄，并且可以智能的在不同的画面之间切换。例如，当教师在讲课时，无论教师走到那儿，都可以跟踪教师，学生回答问题时可以跟踪到站起来的学生，并在画面稳定之后切换过去，当教师在使用计算机时，可以切换录制计算机的屏幕。为了更好地理解全自动高清录播教室，我们来学习其系统构成。

一、系统构成

（一）媒体构成

全自动高清录播教室的媒体设备一般分两部分，即录制部分和后期制作部分，两者均有各自的硬件与软件。其中后期制作部分一般是一台专业图形工作站加专业视频编辑软件，设备最多也最专业的是录制部分。接下来，我们主要学习录制部分有哪些媒体设备。

录制部分的设备构成如图 9-6 所示，具体包括：①超短焦投影仪+电子白板，为教师提供丰富的媒体教学手段且不会如老式投影机一样当教师站在电子白板前时挡住投影的光线；②左右各 2 只图像传感器，用来监视画面的变化；③左右各一只音箱；④天花板前后各 2 只拾音器，用来拾取学生的声音；⑤前 1 到 2 只，后 2 到 3 个高清摄像头；⑥教师用计算机+终端录制软件；⑦录播控制台；⑧录播主机+录播服务器，包括录播控制软件与录播软件；⑨调音台；⑩教师腰带式拾音器及手持式话筒。

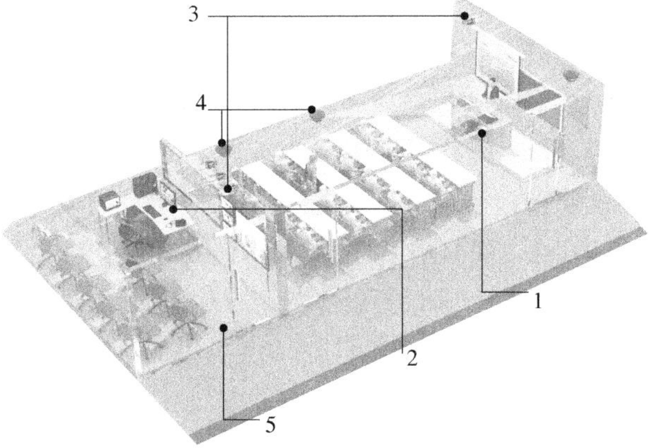

图 9-6 全自动高清录播教室示意图

1. 教师主机；2. 录播主机；3. 追踪摄像机；4. 视频图像传感器；5. 监控室（视频制作室）

（二）控制构成

全自动高清录播教室，最关键的技术在于如何追踪教师与学生，如何在教师与学生之间流畅地切换画面，模拟多机位人工拍摄合成的效果，以往的录播教室多数采用红外线追踪定位的方法，这种方法识别率比较低，对讲台上教师的追踪效果要好一些，而对讲台下的学生基本上无能为力，所以此类教室，录制下来的视频教师画面没有问题，但只要有师生互动，学生画面就比较死板，一般只能给一个大场景，而无法有近景的展示。

如今的自动高清录播教室追踪技术不再采用红外线的方法，而改用视频捕捉分析跟踪技术，结合多种图像分析算法，实现互动场景的智能精准定位及跟踪，避免了环境光、热光源等因素干扰，符合人因工程学的跟踪视觉感受，定位触发准确率接近 100%。此方法自动拍摄下来的视频，对教师与学生的追踪更加精确，画面切换也更加流畅，更接近人工拍摄的效果，对于课堂教学的呈现更加有效。图 9-6 展示了全自动高清录播教室的控制原理，教室四周的图像传感器收集教室内图像的变化（如有同学站起来回答问题，或教师走下讲台），视频录播系统处理从图像传感器传来的信号，并以此为基础控制摄像机云台追踪拍摄。

二、设备操作

现代化的全自动高清录播教室的操作非常方便和人性化，下面我们简单介绍操作步骤及一些注意事项。

1）加电，开机（一般现代录播系统都有一键开机功能，只需按下系统开，即可把所有设备打开，部分系统投影设备需要手动开启）。

2）打开教师机上录播软件，输入课程名称、教师姓名等相关信息。

3）打开监控室的录播控制软件，准备录播过程的监控。

4）戴上腰挂式麦克风，并检查电量情况，同时把学生麦克风发放给学生（有些系统有吸顶麦克风，无须学生或教师麦克风）。

5）按下系统面板“录播”按键，开始录制。

6）录播结束时需要按下系统面板的“下课”（有些系统时“停止”键），复制录播视频（全自动录播系统录制下来的视频都是完整的，有片头片尾，如需要，后期可重新剪辑）；按下系统关，关闭系统电源。

三、训练评价

全自动录播系统操作评价标准如表 9-2 所示。

表 9-2 全自动录播系统操作评价标准

指标项		标准
结构指标	单项指标	
基本操作（40 分）	系统认识（8 分）	熟悉系统各设备、装置的用途
	开启与关闭系统（10 分）	能正确操作开启与关闭系统
	打开教师机录播信息软件（10 分）	能正确选择程序，并输入相关信息
	设备调试，声音，视频信号等（12 分）	能熟练使用麦克风、调音台、录播软件参数设置程序等
使用技能（50 分）	录制视频（10 分）	能正确调整摄像机的焦距、光圈和变焦，保证图像效果
	连接录播主机复制视频文件（10 分）	能正确操作控制摄像机的推拉或各方向摇动
	使用视频编辑软件，后期制作录制的视频（30 分）	能正确进行全体广播和个别通话交流
用后工作（10 分）	整理（10 分）	正确关闭系统，收拾好麦克风等设备

本章小结

本章简单介绍了微格教学系统与全自动高清录播教室的基本构成与简单的操作，录播教室对微格教室而言，设备更复杂、功能更加丰富，微格教室主要作用是提供教学技能训练，录播教室则是全方位的记录一节课程或制作一断教学视频。

实训 微格教学系统应用

一、实训目的

1）了解微格教学系统的组成。

2）掌握各种设备的使用方法。

3）懂得微格训练的基本程序。

4）熟练操作记录和回放微格训练内容。

5）结合自己的学科专业，选取部分内容设计 3～5 分钟的教学训练。

二、实训条件

微格控制室、微格教室、观摩室。

三、实训步骤

1）打开总电源，使所有设备通电。

2）打开计算机。

3）打开电视，并调整频道置于 VGA（完成以上步骤之后，就可以在指导教师的安排下准备进行微格教学实践）。

4）合作计算机播放课件等教学资料。

5）连接视频服务器下载录制视频，并回放。

6）关闭系统。